絵で見てわかる 発達障害の子が困っていること

大野 繁

PHP

【絵で見てわかる】発達障害の子が困っていること　もくじ

PART1
気づいてください、こんなことに困っています

PART2 知ってください、困りごとの原因

PART3

やってみましょう、苦手をなくす工夫や遊び

PART4

わが子に合う子育てを

装幀：アジアンプラネット
装画・本文イラスト：おきつかさ
組版：朝日メディアインターナショナル株式会社

3歳までに　気になること

言葉が遅い

多くの子どもは1歳過ぎから言葉を発するようになりますが、何に対しても「まんま」と言うのではなく、「ママ」とはっきりとお母さんを見ながら言ったり、絵本や食べ物の名称を指して言う場合に「言葉が出てきた」と言います。

言葉をいくつかしゃべっていたけれど、忘れたかのように何もしゃべらなくなった、別の言葉が出てまたしゃべらなくなった、という場合は「折れ線型の発達」と言って自閉症の子で比較的よく認められる発達経過です。1歳6ヶ月の時に、単語が出ていない、共有の指さしができない、視線が合いにくい場合は専門機関に相談をしたほうがよいでしょう。

視線が合いにくい

赤ちゃんは3ヶ月ぐらいからお母さんが顔を近づけると、じっと見るようになります。

視線が合いにくいなと思っても、声を出しながら興味をひいたり、手を握ったり抱っこをしながらじっくりと視線を合わせることによって、目を合わせるようになったり、喃語《なんご》を発するようになることもあります。

落ち着きがない

2歳から3歳の子どもは概して落ち着きがありません。

しかし、外出した時にご両親から離れても平気だったり、注意しても直後に同じことをしたり、何か行動をする時に親や指導する人のほうを見て確認をとることができないなどがある場合は、気になります。

お友達に興味を持たない

1歳半から2歳頃までには、同年代の子とやりとり遊びをし始めます。言葉で伝え合わなくても、なんとなく一緒のことをします。積み木などを食べ物や、動くものに見立て、それをお友達と共有するようになります。しかし、そういったことに興味を持たない場合は少し心配です。

幼児期　こんな様子はありませんか？

積み木

- ただ上に積み重ねたり、横に並べたりして遊んでいる
- ブロックも同じパーツを積み重ねてつなげることに熱心になっている
- 積み木の色や書いてある字に興味を持っている

追いかけっこ

- 友達が誘っても、友達を追いかけずに別の方向に行ってしまう
- 一人で走り回っていてそれで楽しんでいる
- 皆が追いかけっこして遊んでいるがルールがよくわかっていなくて、喜んで走り回っているだけ

まねっこ

- 先生や親が動作をしてまねさせようとしても、同じようにまねができない
- 周りの子の遊びをまねしない
- 「こうやってするんだよ」と示しても、注目できない

お絵描き

- 鉛筆やクレヨンを持つ時に握って上から持つ、逆手で握って持つ
- 鉛筆を持てるようになっても、まっすぐの線が描けない。安定した線が描けない
- 同じ色ばかり使ったり、入っていた色の順番に塗ったりする
- 文字や記号ばかり、同じ対象物ばかりに興味を持って描いている

運動遊び

- ボールを投げる時に足を使って振りかぶることができない
- ブランコができない
- ボールをキャッチできない
- 走り方がぎこちない
- 転んだりぶつかったりして、よく怪我をする

就学時

わが子のタイプは？

Aさん【多動・衝動の強い注意欠如・多動症（ADHD）、積極型の自閉症スペクトラム（ASD）】

特徴 衝動的で動き回る

一方的に話す

授業中に私語をする

歩き始めた頃からいろんなものに興味があって、よく動き回る子でした。スーパーなど買い物で外出すると、お菓子売り場に行き、迷子になることもありましたが、何時間か捜してやっと見つけてもケロっとしていました。友達との関わりは一方的で、自分が好きなように言える相手であれば衝突せずに遊べるようです。先日は友達と喧嘩《けんか》をして先生に呼び出されることがありました。家ではよく話しかけてきてくれますが、母の聞きたいことにはあまりちゃんと答えてくれずに、自分の言いたいことを一方的に話しているの

忘れ物が多い

片付けが苦手

乱暴な行動

で、「ウンウン」と聞くようにしています。

外出すると、目を離したすきに知らない人に話しかけています。保育園の頃は元気のいい子、子どもらしい子と言われていましたが、小学校に入ってからは授業中私語があったり、集中して授業を聞くことができなかったりと心配です。朝、筆箱の中にひととおり筆記用具を揃えて持たせますが、帰宅して筆箱を見ると、消しゴムがなくなっていたり、見たことのない鉛筆が入っていたり、同じ状態で帰ってくることはありません。いつも家の机の中にはプリントやゴミみたいなものが入っています。教科書を探すこともしばしばで、片付けは苦手です。

就学時

わが子のタイプは?

Bさん【不注意の強い注意欠如・多動症(ADHD)】

特徴

不注意が多く気が散る

落ち着きがない

気が散る

小学校に入る前まではあまり気になることはありませんでした。しかし、後から考えると小さい頃から落ち着きがなかったように思います。

小学校に入ってから、黒板の板書を写すのに時間がかかることがわかりました。連絡帳を書いてこないことがあり、友達や先生に宿題や予定を聞くことがありました。

また、片付けができずいつも家の机の上にはプリントとノートと教科書と漫画が積み重なっています。

掃除など、家の手伝いに取り組ませようとしても、すぐに別のことを始めてしまい、最後までできませ

人の話を聞かずに行動

優先順位がわからない

簡単な問題を間違える

ん。学習の理解力はありますが、簡単な問題や計算問題をよく間違えます。また、人の話を最後まで聞かずにすぐに行動してしまいます。

　宿題が多くなるとどれから手をつければいいかわからないようで、いつもより余計に時間がかかったり、他のことをして無駄な時間を過ごすことが多いように思います。宿題などをしていても弟が横を通るだけで気が散ってしまい、はかどらず、10分ほどでできるような宿題に1時間近くかかることもしばしばです。

　習いごとの予定の変更があるのを忘れて、友達と遊ぶ約束を入れてしまい、その都度友達にお断りの電話を入れる必要があります。

就学時

わが子のタイプは？

Cさん【自閉症スペクトラム（ASD）で学校へ行きづらい子】

特徴

人の気持ちがわかりづらいため友達の中に入りづらい

言葉の遅れはない

お母さんとなかなか離れられない

言葉の遅れはありませんでしたし、おとなしく手のかからない子でしたが、言葉が出るようになるとよくしゃべる子でした。保育園は最初から通いづらく、私から離れることができませんでした。慣れてくると特定の友達とままごとをするようになりましたが、それ以外の遊びをすることはありませんでした。その友達と一緒であれば友達のペースで遊んでいましたし、一人の時はコップに水を汲《く》んではかけるなど、同じことを繰り返していました。

小学校高学年になり、同級生に嫌なことを言われると訴えて、学校に

不安で学校に行きづらい

言葉を文字通りに解釈

好きなことには集中する

行きづらくなった時期がありました。

ルールを守らない子に容赦《ようしゃ》なく注意をするため、友達と言い合いになることもあります。何を言われたのかよくわからないのですが、友達にいつも嫌なことを言われていると言います。とてもいい子なのですが、同年代の子の中には入りづらそうです。

今は家で好きなことに没頭している時がとても幸せそうです。ファッションが好きで、かわいい服を着た人形の絵を描くことが大好きです。先生に言われることは人一倍きちんとでき、人の世話やお手伝いなども率先してしてくれます。

就学時

わが子のタイプは？

Dさん【学習の困難（SLD）を訴える子】

特徴

読み書き計算が苦手

絵を描いたり
字を書くことが苦手

楽器が苦手

文章題を
理解しづらい

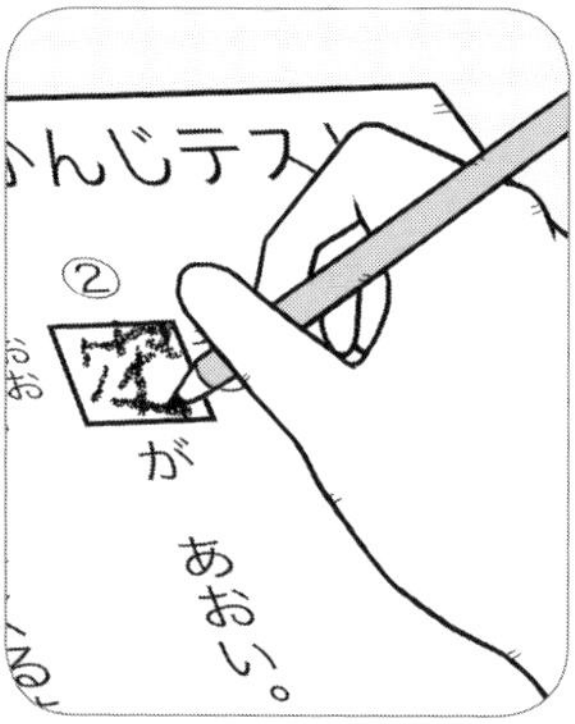

漢字を
正しく書けない

小さい頃から絵を描いたり字を書くことが苦手で、小学校に入るまでひらがなは自分の名前しか書けませんでした。楽器の演奏がとても苦手で、速いテンポについていけません。お箸を正しい持ち方で持てないので、何度も注意していますが、いっこうに直りません。筆算をすると縦の列がずれてしばしば計算間違いをします。文章題を読むだけでは自分で理解できず、図に書いてあげるとやっと理解できるようになります。漢字は画数が多くなると不要な線が多くなったり、斜めの線が入ると形が崩れたりします。

就学時

わが子のタイプは？

Eさん【知的な遅れのある子】

特徴

学校生活が困難

具体的な指示がないと動けない

宿題は答えを見ないとわからない

覚えたり考えたりするのに時間がかかる

小学校に入り、学習の遅れや困難さに気づかされました。集団活動のルールや決まりごとがわかりにくいようです。授業中も、友達を見ながら後からついて行ったり、先生から「こうしようね」と具体的な指示がないと動くことができません。

小学校の高学年になりますが、算数ではかけ算をやっと覚えることができるようになったものの、文章題は難しいようです。宿題は答えを見ないと解くことができません。外出は一人では難しく、買い物もおつりがまだわからないようです。

はじめに

頑張っているのにうまくいかない。困っているのにわかってもらえない、という思いを抱えている発達障害の子たちがいます。

また、そのような子を育てる上で、親御さんたちも周りからの理解を得られないことで孤独を抱えがちです。

本書は、日常で妨げになっているものを取り除き、子どもたちのよい育ちを導き出していくための方法として、「**PART1 気づいてください、こんなことに困っています**」「**PART3 やってみましょう、苦手をなくす工夫や遊び**」では、日常生活の中で発達障害の子が抱える「困ったこと」を明らかにするとともに、対処法や工夫を、絵と説明でわかりやすく紹介しています。

「**PART2 知ってください、困りごとの原因**」では発達障害の子の「困りごと」を引き起こす原因について、解説しています。さらに、「**PART4 わが子に合う子育てを**」では、発達障害の子を育てるにあたってどのような支援があるのか、それをどう生かしていけばいいのかについて、アドバイスしています。できることから、少しずつ始めていきましょう。

大野　繁

PART1

気づいてください、こんなことに困っています

1 抱っこされたり、触られるのが嫌

目が合わない

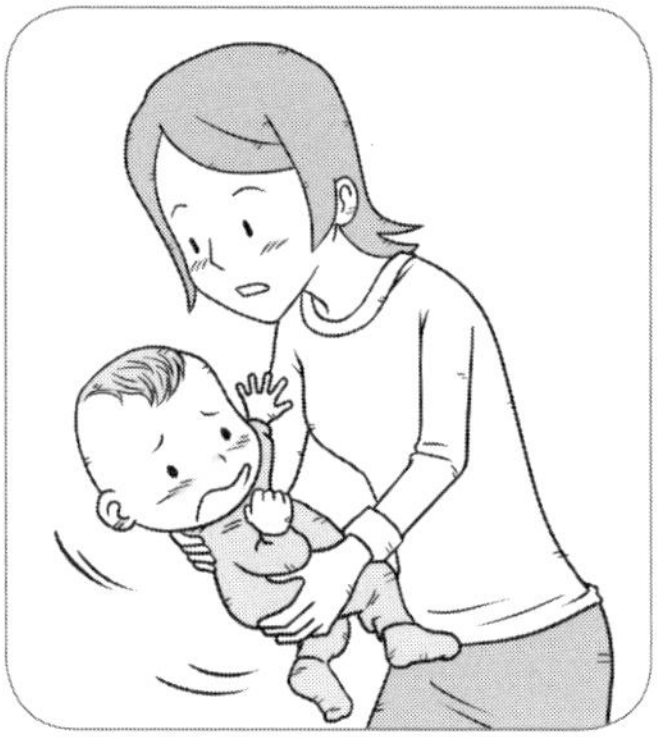

抱っこを嫌がる

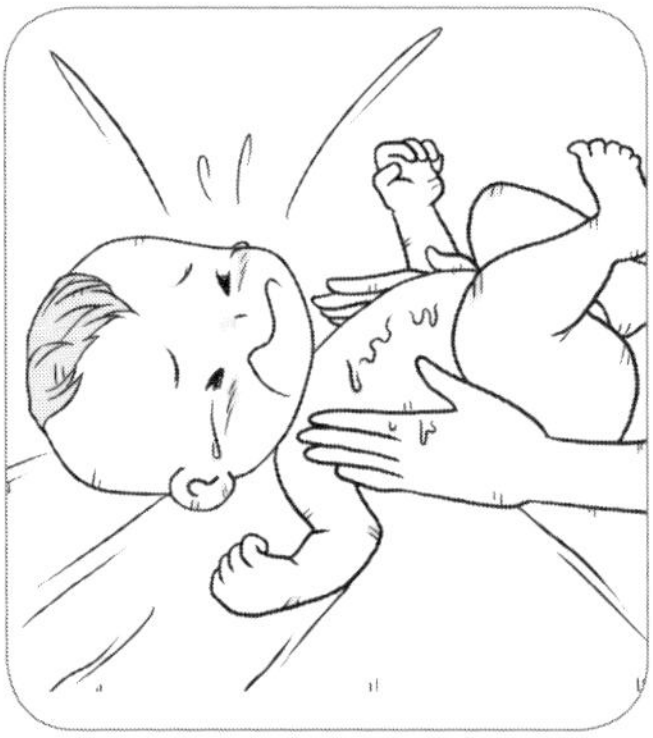

スキンケアを嫌がる

自分からはOKでも
人に触られるのは嫌

乳児期から抱っこすると仰《の》け反って嫌がったり、抱き心地が悪く、重い子だなと思った記憶があるお母さんは、ひょっとしたら子どもが抱っこを嫌だと感じていたのかもしれません。しかし、寝かしたら寝かしたで泣いたり怒ったりします。

そのような子どもは、他にも、視線が合わなかったり、スキンケアを嫌がったりすることがあります。

就学しても、自分から触るのは大丈夫なのに、人からふいに触れられるのを嫌がるお子さんもいます。これは触覚の感じ方に偏りが生じている可能性があります。

音を聞かせる

ふわふわの布で安心

回転するものを見せる

落ち着いた時に
マッサージ

ふわふわの布やぬいぐるみで安心するかもしれません。

心地のよい音を聞かせると気持ちがそちらに行きます。また、回るものを見るなど視覚的な刺激で落ち着くこともあります。安心して落ち着いている時に抱っこしたり、手のひらや四肢、体を優しくマッサージして触覚刺激を入れてあげましょう。落ち着いた状態の時に皮膚刺激を入れることで、少しずつ耐性を作ることができると考えます。

原因は？ ⇩ PART 2 P60・74・76

特におすすめの遊び ⇩ PART 3 P96〜97・114〜115

❷ 食べられないものが多い

特定の味や匂いの
食べ物を嫌がる

形や色で判断して
食べ物を嫌がる

口の中の感覚を
嫌がる

食べられるものが少ない子は離乳食の頃から認められ、園や小学校就学後も偏食が続きます。

偏食は「赤い食べ物が苦手」というような視覚的なもの、「レタスを食べると痛い」など口の中の感覚的なもの、そして「ケチャップ味が嫌」「焼いた魚や肉の匂いが苦手」など、味や匂いに関係するものがあります。これは、新しいものに挑戦することが不安、苦手という特性と関係しています。

まずはこうした不安を取り除くことが大切なので、次のページのような取り組みをしてみましょう。

形や色で×

細かく切ったりスープに入れる

匂いで×

調理法で匂いが紛れるようにする
焼き魚は身だけをほぐす、カレー味などにする

口の中の感覚で×

食材を混ぜない。混ぜる時は軟らかくなるようにする。ハンバーグや餃子には小さく細かくして入れる

少しでも食べようとしたらほめる

皆が食べているのを見て食べられるようになることも

とてもとても難しい偏食指導。少しでも取り組もうとしていればその努力をほめてあげましょう。視覚的なものであれば、細かく刻んでハンバーグのようなミンチの中に苦手な野菜などを入れ込む、という方法があります。カレーやコロッケに入れる、ミキサーにかけてスープに混ぜるなどはおすすめです。他にも、苦手な感覚によって対処法を組み合わせ、上のような方法を試してみてください。また給食で皆が食べているのを見て、少しずつ食べられるようになったという例もあります。

原因は？ ↓ PART 2 P72・74・76

③ 身につけるものにこだわりがある

帽子、腕まくり、
歯磨き、シャワーが嫌

身につけるものを季節や行く場所
に応じて変えることができない

毎日同じ服でないと学校に
行くことができない

身につけるものを季節に応じて変えられなかったり、行く場所に応じて変えることができないなどの困りごとがあります。また、帽子、腕まくり、歯磨き、シャワーが嫌など、触覚に対する防衛反応、過敏はとても多くあります。

一方、身につけるものが同じものだと安心するということもあり、毎日同じ服でないと学校に行くことができない子もいて、下校後すぐに洗濯、夜中の間に乾燥を毎日続けている親御さんもおられます。

こうした傾向には、本人の不快感がやわらぐ工夫が必要です。

対処法

気にしているのは風合いか
デザインかを探る

全く同じものをいくつか
購入してローテーション

風合い にこだわり

デザインは異なるけれど同じ風合いのものを選んでみる

デザイン にこだわり

同じようなデザインのもの（色、レース、袖の形等）を試してみる

こだわりを尊重しつつ
他の衣服も試させてみる

身につけるものは本人が納得することが必要です。毎日同じ服がいいという子に対しては、全く同じものをいくつか購入すれば、ローテーションすることで負担が少し軽くなります。

本人が気にしているのは、風合いなのか、デザインなのか、それぞれが組み合わされてのものなのか、ということがわかってくると、無理のない範囲で他の衣服なども試みることができるでしょう。

原因は？ PART 2 P60・74・76

4 水遊び・砂遊びを嫌がる

靴の中に入った
砂が頻繁に気になる

プールや冷たい
シャワーを怖がる

砂や土が手につくのが嫌で
運動会に参加できない

水で遊ぶことが嫌いな子は、プールに入ることがすごく嫌だったり、冷たいシャワーを浴びると針に刺されているように感じ、顔に水が当たると神経質に手で払おうとします。

砂の、手にザラザラとつく感触が嫌いな子もいます。少しでも手に砂がつくと手を緊張させて広げ、反対の手で注意深く払い取ります。手だけではなく靴の中に砂が入ると気になり、頻繁に靴を脱いで砂を出します。

運動会では地面に座ったり、土の上に手をついて体操したりする場面がありますが、手に砂がつくことが嫌で練習にも参加できません。

粘土やスライムの触覚に手を慣らす

ほっぺから慣らして少しずつ顔をつける

いろいろなザラザラ感のある石を触る

※このような取り組みは本人がちょっと頑張ってみようかなと思い、ちょっとできたところで終わらせるのがコツです。

水が嫌いな場合はお風呂で顔を濡れたタオルなどでそっと濡らしてみたり、ほっぺなど顔の敏感ではないところから手で濡らしながら慣らしていくのがいいでしょう。慣れてきたら桶《おけ》の中に水を張って少しずつ顔をつけてみましょう。

土遊びの嫌な子は、粘土やスライムなどの手にくっつく触覚に手を慣らし、いろいろなザラザラ感のある石を重ねたり並べたりして触ることで、手のひらを様々な触感に慣らしていくといいでしょう。

原因は？ ⇩ PART2 P60・74・76

特におすすめの遊び ⇩ PART3 P96～97・114～115

5 姿勢が崩れてイスから落ちる

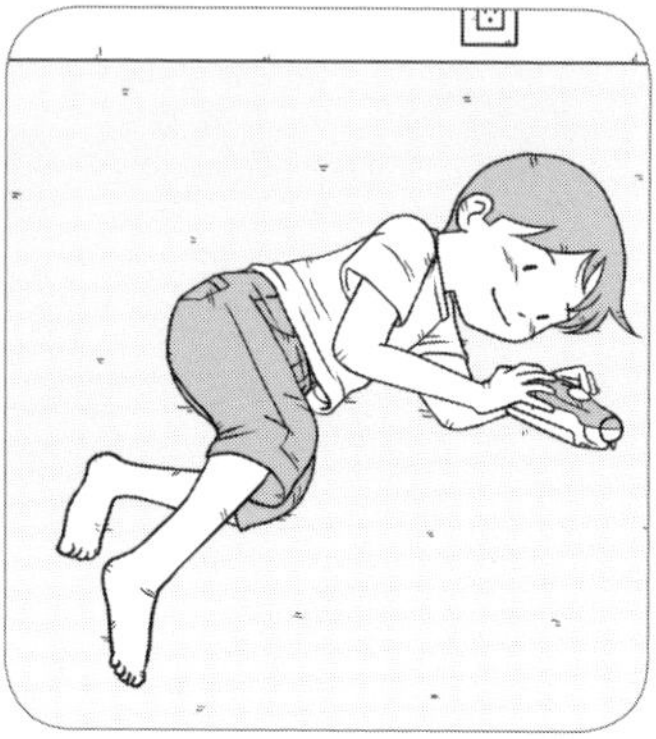

すぐ横になったり
もたれかかったりする

お尻をイスの前方に、
背骨を曲げて座る

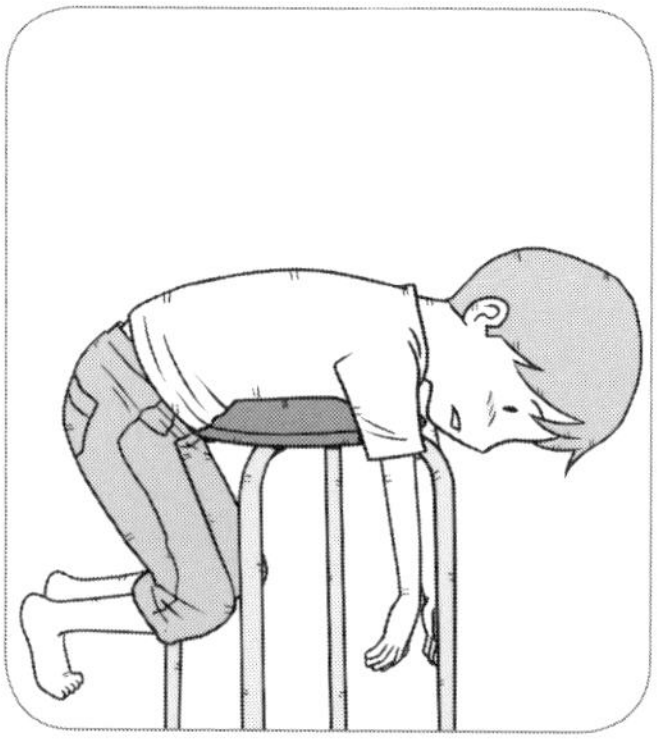

背もたれのないイスを抱え
込むようにしてもたれかかる

崩れ落ちてしまう子は、座っている時にお尻をイスの前方に置き、背骨を曲げて座ります。体幹（体の中心部）の筋肉が弱いと姿勢を保持している時に崩れていくのです。

他には、すぐに横になったり、もたれかかれるところがあるともたれかかります。またイスに座っていても前のめりに机に伏せたり、背もたれのないイスだと座らずに抱え込むようにしてもたれかかります。上向きに寝ると楽になり、話をしやすくなります。行儀が悪く見えるので、いつも「姿勢をちゃんとしなさい」と注意されています。

対処法

目標を持って歩く
（体幹を鍛える）

好きな電車の名前を
カタカナで書くなど
興味のあることで
覚醒度を上げる

イスにバランスクッションを
敷いて座る

姿勢を正すには体幹を鍛えることが大切です。体を動かすことが嫌いな子でも何かハマる運動を見つけて熱心に取り組むことができるようになることもあります。継続的に取り組めている運動として多いのは、ある程度の目標を持って歩くこと。また、イスに滑り止めのバランスクッションを敷いて座ると不安定になるため逆に体が安定し、体幹を鍛える効果もあります。また、興味があることで覚醒度を上げる（56ページ参照）と姿勢が改善します。

原因は？ ➡ PART 2 P58・82
特におすすめの遊び ➡ PART 3 P102～103・106～109・110～113

6 ちょろちょろ動き回る

迷子になっても
平気でいる

親の手を払って
どこかへ行ってしまう

親は公共の場で
周りに大変気を使う

子どもの行動について常に注意をしておかないと何をするかわからない。手をつなごうとするとその手を払って自分の好きなところに行き、迷子になって何時間も捜してやっと出会えても、「どうしたの?」とキョトンとした表情の子もいます。

お母さんは、親族の集まり、電車に乗る時などは必要以上に周りに気を使います。子育てサークルなどに参加しても一つの遊びに集中できないため、自分の育て方が悪いのでは、と自分を責めながらなんとかできるように声かけをしたり、努力されています。

対処法

買い物は一人の時にするか宅配を利用する

育て方の問題ではないことを周囲に理解してもらう

外食の時はなるべく個室を利用する

ちょろちょろする子は本当に目が離せないほど動き回るため、買い物に連れていくことができず、父や祖父母がいる時だけ買い物に行くというお母さんや、外食の時はなるべく個室をとって部屋の中をウロウロしてもいいようにしたり、買い物は宅配などを利用されるお母さんもおられました。大事なのは育て方の問題ではないということを周りの人にも理解してもらうこと。そして早めに専門機関へ行き、診断を受けることです。

原因は？ ⇩ PART 2 P58

特におすすめの遊び ⇩ PART 3 P102〜105・106〜109・110〜113

7 体をいろいろなところにぶつける

自分が興味のある方向を
見ていてぶつかる

イスや机にぶつかる

階段から落ちたり、
体の片側ばかりぶつける

家の中でイスや机にしょっちゅう体をぶつける。友達にしょっちゅうぶつかる。足を引っかけるようなぶつかり方をして転倒する。階段から落ちたり、ものにつまずいたりすることが増え、ちゃんとそちらを見ているにもかかわらず、左側ばかりをぶつけるといった場合があります。

また、自分の興味のある方向ばかり見ていてぶつかる、自転車に乗り始めると、電信柱にぶつかることがしょっちゅうある子がいます。続けて体をぶつける場合は背景に何か神経的な問題や運動機能の問題があるかもしれません。

対処法

イスや机の脚の間を通る遊びをする

ポールをジグザグに走る練習をする

ボールやひもに当たらないように逃げる遊びをする

イスや机の脚の間を当たらないようにスレスレで通る遊び、ボールを転がして当たらないように逃げる遊び、縄跳びの縄を地面に這《は》わせて揺らし、ひもに当たらないように通り抜ける遊びや、ポールを等間隔に立ててそこをジグザグに走る練習などをするとよいでしょう。

以前はなかったのに、ものにぶつかることが最近増えてきたという場合は、神経系の重大な病気の場合があるため、小児科を受診しましょう。

原因は？ PART 2 P58

特におすすめの遊び PART 3 P102～105・106～109・110～113

8 身支度が苦手

いくら指示しても自分から
準備しようとしない

準備の最中に
関係ないことをする

ボタンかけや服の
前後ろがわかりにくい

園や小学校で集団活動が始まると朝の準備が必要になります。持って行くものをカバンに入れたり、制服を着たりしないといけません。毎朝同じことを同じ順番でしますが、こちらが目を離したすきに電車のおもちゃなど自分の好きなもので遊び始め、朝の準備が滞《とどこお》ってしまいます。このように、身支度には何をするかということを毎朝繰り返し指示する必要がある子がいます。そして実際に服を着る時にボタンをかけることが苦手だったり、服の前後ろがわかりにくいなどがあり、すごく時間がかかります。

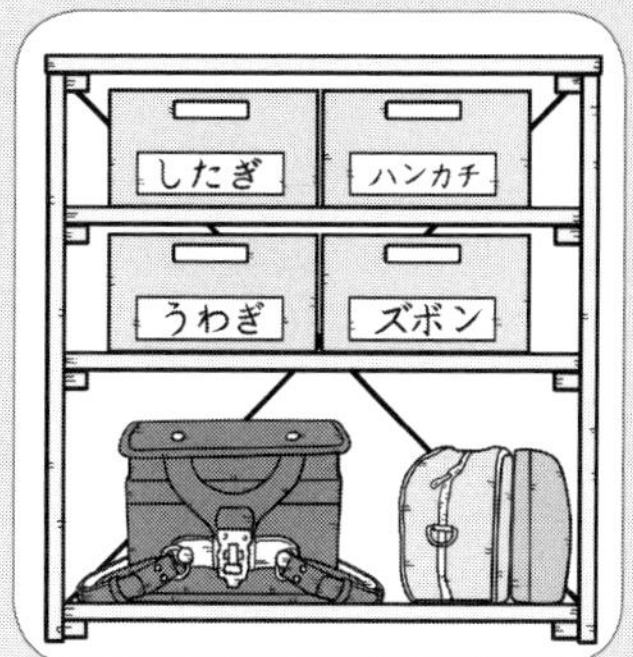

**持って行くものなどの
コーナーを作る**

**本当に急ぐ時は
親が手伝う**

※焦らせながら本人にさせると言い合いになったり、怒ったりして結局もっと時間がかかったりします。

**テレビなどの
刺激を減らす**

持って行くものや着るものを置いておくコーナーを作り、身支度の順番を書いたリストを貼っておくと次にすることがわかりやすいでしょう。

身支度をしている時はテレビなどの刺激を減らし、声かけはせず、急いでいる場合は本人にさせずに、積極的に手伝ってあげましょう。「今日は急いでいるからお母さんがするね」と言い、手を貸しましょう。そして時間に余裕のある時には自分一人でできるようにさせて、できたらしっかりとほめてあげましょう。

原因は？ ↓ PART 2 P58

9 揺れる遊びが苦手

ブランコ遊びを嫌がる

抱っこから起きた状態の時に泣く（赤ちゃんの時）

少しの体勢の変化にも敏感

耳の奥の蝸牛《かぎゅう》と、平衡感覚のセンサーのある三半《さんはん》規管《きかん》が体の動きの主に加速度を検知し、人は常に重力を感じています。生まれつき平衡感覚のセンサーが敏感な子がいて、赤ちゃんの頃は、抱っこされて体を横にした状態から起きた状態になる時、激しい違和感を感じて泣きます。こういう子は縦抱っこが好きです。また幼児期になり、皆当たり前のようにブランコを楽しむ時期になっても、揺れる時に緊張して揺らされるのを嫌がります。こういった子は少し揺らしただけで体をひっくり返されたような感覚があるようです。

毛布にのせて両端を持って揺らす

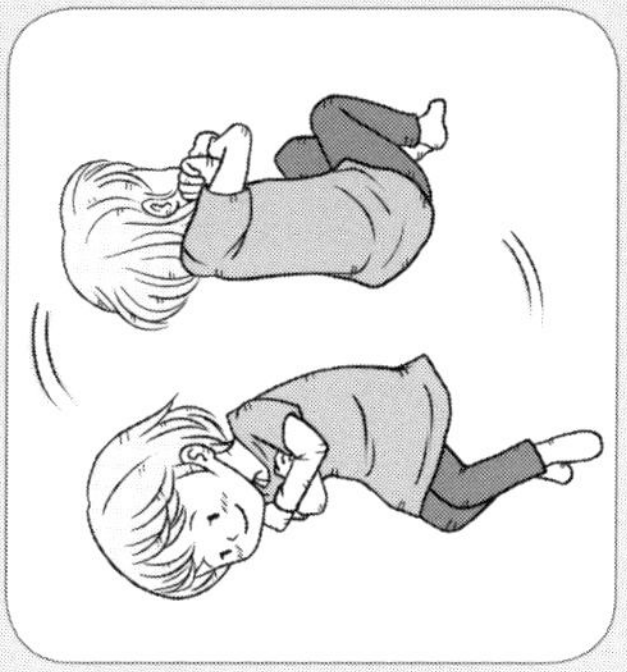

横になった状態でゴロゴロ転がる

ボルスタースイング

※いずれも怖がったり嫌がったりするようであれば中止してください。

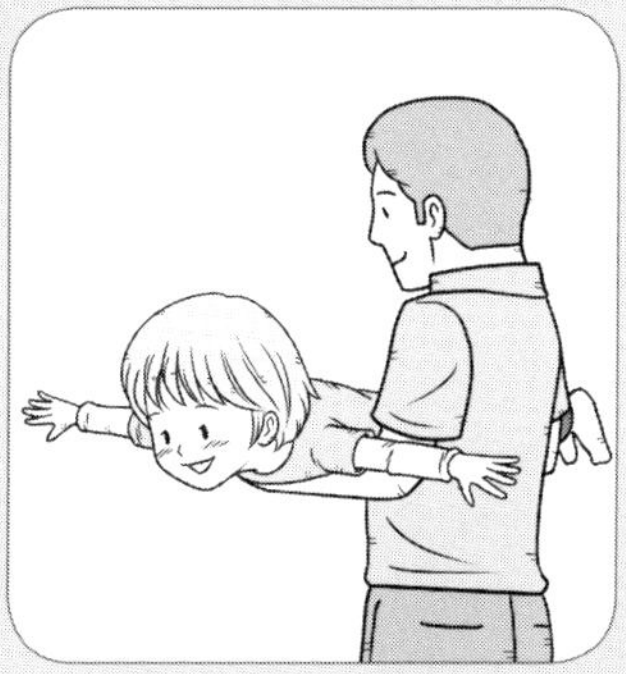

飛行機のように抱っこして揺らす

揺れることに過敏な子は、体を横にすることも苦手です。まずは横になった状態でゴロゴロと寝転がることから始めましょう。体を横にして抱っこし、そのまま飛行機の格好をさせてブーンと揺らすような遊びも楽しみながらできます。毛布などの両端を母と父で持ってその上に子どもをのせて揺らす、ということも楽しめるかもしれません。感覚統合療法をとり入れている現場では、ボルスタースイングという細長いクッションのついたブランコもあります。

原因は？ ↓ PART 2 P60・76・82

特におすすめの遊び ↓ PART 3 P106〜109・110〜113

⑩ 特定の音を嫌がる

幼児期
オートバイ、トイレのハンドドライヤー、掃除機、電話、雷の音を怖がる

幼児期
理由はわからないがよく泣く

学童期
教室の人の話し声、先生の怒る声、隣のクラスからの奇声で集中できない

音の過敏に対する訴えは自閉症スペクトラムの子の間でとても多くあります。

幼いうちは音に対する過敏があるということに気づいていないため、大きくなってから音の過敏に気づくこともよくあります。

上に挙げた例以外に、大人になって気づくものとして換気扇の音、冷蔵庫の音など、日常的な音も挙げられます。

大きい音だけがダメというわけではなくて、静かな時の小さな音が気になってしまうということもあります。

対処法

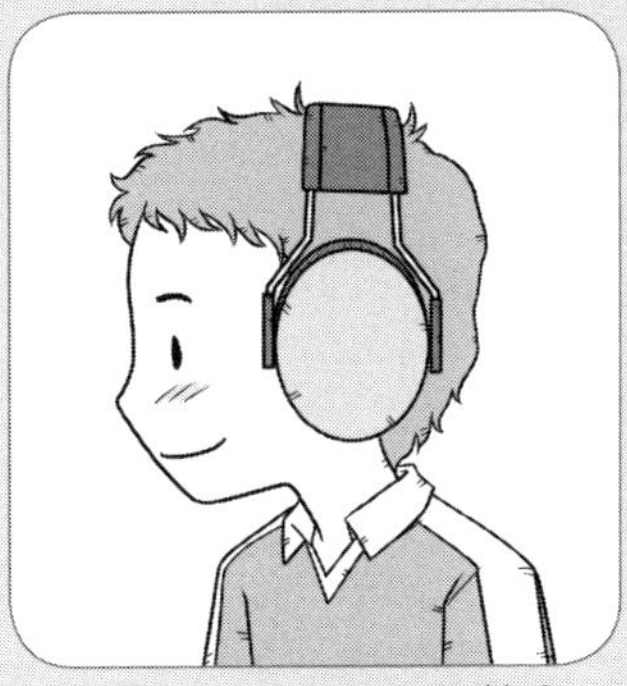
防音イヤーマフを使う

本やゲーム、ぬいぐるみや
フィギュアなど
お気に入りを持つ

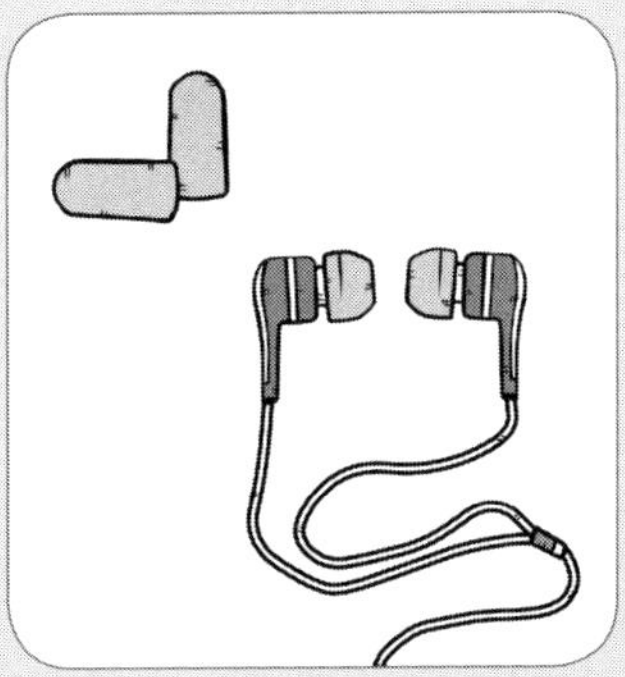
耳栓やカナル型で遮音性の
高いイヤホンを使う

音の過敏自体はなくすことができないと考えられていますが、様々な工夫が可能です。まず、音自体を軽減するという方法です。上に挙げたような道具を使うといいかもしれません。

また、緊張した場面や見通しの立たないところでは、我慢のできない度合いも高まるので、楽しく時間を過ごせるもの、気に入っているものを持っていると気持ちがそちらにそれ、音は少し気にならなくなります。

原因は？ ⇩ PART 2 P60・70
特におすすめの遊び ⇩ PART 3 P98〜101

⑪ オムツが取れない、おねしょをする

遊びなどに
過集中になっている

膀胱の感覚が幼くて
尿意に気づかない

水の流れる音が嫌で
トイレが怖い

多くの子が3歳ぐらいにはオムツが取れます。しかしオムツがなかなか取れない子がいます。大きく分けて、トイレに入ることが怖い子と、トイレに行くタイミングがわからない子です。トイレに入ることが怖い子は便座が自動開閉することが怖かったり、水が流れる音が嫌だったりします。トイレに入るタイミングがわからない子は、成長の過程で膀《ぼう》胱《こう》の感覚がまだ幼くて尿意に気づかない子、尿意に気づいているけれど遊びなどに過集中になっているためトイレに行くことができない子などがいます。

対処法

**閉鎖空間が嫌な子には
おまるやバケツを**

**大便をオムツでする子も、
本人が気持ちよく
出せればよい**

※就学後も、自然に取れるのを待ちつつ、専門家にも相談してみましょう。

**トイレに入る
タイミングの声かけを**

トイレに入ることが怖い子には怖い原因をなくしてあげて、トイレに入るタイミングがわからない子には定期的に声かけをするとよいでしょう。

大便をオムツですることが長く続く場合もあります。いずれも本人が気持ちよく出せるということが大事で、排便行動だけを取り上げて取り組みすぎないことが大事です。

おねしょは小学校に入るまでは様子をみて、小学校に入ってからも続くようであれば、専門家に相談をしてください。

原因は？↓PART2 P58・60・76

⑫ 友達と遊べない

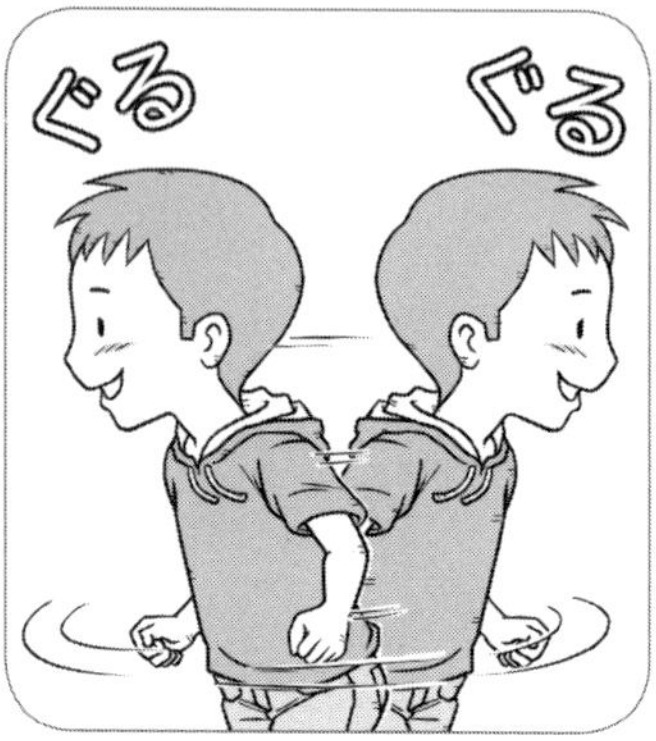

ただぐるぐる走り回ったり
他の子のまねをしている

一方的な関わりしか
できない

相手の言うことを従順に
聞いて言いなりになってしまう

自閉症スペクトラムの子は相互的な関わりが苦手で、一方的な関わりをする子もいます。同じ空間でその子のしていることをまねしながら遊んでいる子もいます。一緒に遊べてはいませんが、実はその子のことが好きで近づきたいと感じています。皆の中に入ってぐるぐる走り回って一緒に遊んでいる子もいますが、あまり走り回る以外の遊びをすることがありません。相手の言うことを従順に聞いて言いなりになる関わりをする子は断り方がわからないので、どうしても嫌になると集団に入ることを拒否するようになります。

対処法

スポーツやゲームなどルールがはっきりしているもので関わる

同じ場所で過ごせる友達を大事にする

親子なら

ボードゲーム、トランプなどのカードゲームなど、友達とするようなルールのある遊びを一緒にすると友達と遊ぶ時の参考になる

同じ趣味を持っている子と一緒に過ごす

関わり遊びは自閉症スペクトラムの子にとって最も苦手なもののひとつです。もし一緒に同じ場所で過ごせる子が見つかったら、その子のことを大事にしましょう。また、少し大きくなると同じ趣味を持っている子とは同じ場所で過ごしたり、一緒に楽しんだりすることができるようになります。ゲームを介して友達と遊べるようになる子もいます。ゲームやスポーツなど、ルールや過ごし方がはっきりしていると友達と関われるということもあります。

原因は？ PART 2 P60

特におすすめの遊び PART 3 P109

⑬ 片付けができない

目先のことに没頭していて
片付ける気にならない

片付けをするとどこに何が
置いてあるかわからなくなる

いろんなおもちゃを出して
ひととおり遊んでいる

片付けをするとどこに何が置いてあるかわからなくなってしまったり、いつも目先の些細《ささい》なことを気にしていて、それぞれに対して没頭しているので片付けをするように言っても「いや今はこれをしているから」と後回しにされてしまいます。

小さい子だと、ある遊びをしている途中で別のおもちゃを出して、またさらに別のおもちゃを出します。そしてひととおり出したらまた最初に遊んでいた遊びに戻ってきます。片付けをすると、何をして遊んでいたのか、どこまで遊んでいたのかわからなくなってしまいます。

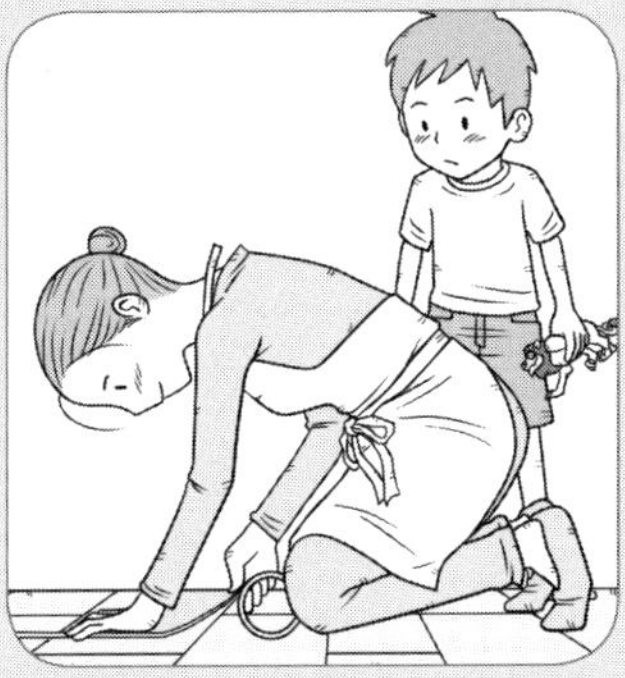

他の家族とスペースを分ける（テープで床に線を引く）

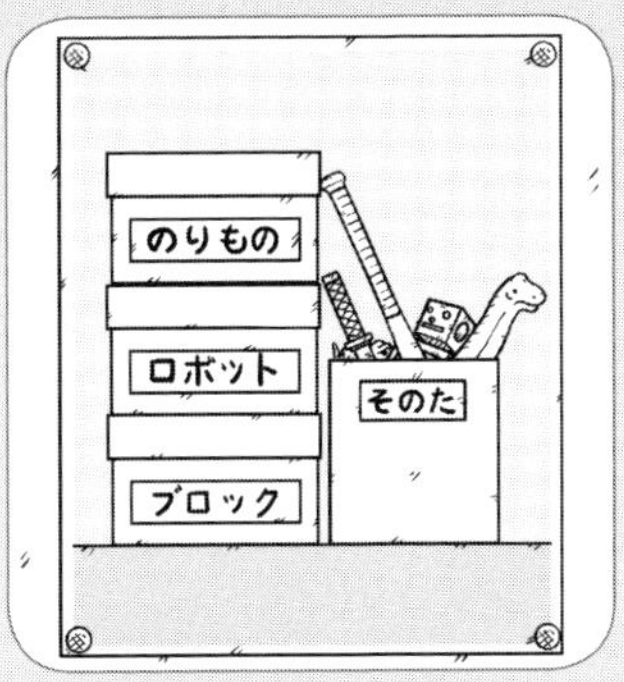

片付けた状態を写真に撮って貼る

片付けができたらほめてカレンダーにシールを貼る。スケジュールを書き出す

家族の生活に支障が出る場合は、とりあえず本人の生活の場所と他の家族の場所と境界線を作る方法があります。部屋を分ける、部屋の中に衝立《ついたて》を置く、テープで床に線を引くなどです。片付ける意欲が下がらないよう、ほめてあげたり、取り組めた日はカレンダーにシールで貼り、スケジュールを書き出すなどし、週に一度でも片付ける時間を設定することも有効です。片付けた状態を写真に撮《と》って貼っておくと、どこに何を入れるべきか気づくことができます。

原因は？ ⇩ PART 2 P58

14 時間の感覚がわかりにくい

興味のない時には
待てない

好きなことには
何時間でも集中する

昨日のことを大昔のことのように、
大昔のことを最近のことのように話す

好きなことをしている時は短く感じ、「何時間もしているからやめようね」といってやめさせようとすると、怒ります。また逆に興味のない時は待てないこともあり、時間のように具体的に見えないものを感じながら行動することは苦手です。昨日のことを大昔のことのように話したり、大昔にあったことをつい最近起こったことのように話すことがあります。記憶が、感覚的な会話の断片や視覚的な印象の断片、匂いなどの感覚に引きずられることが多く、会話の中の質問から記憶を再生しづらいのでしょう。

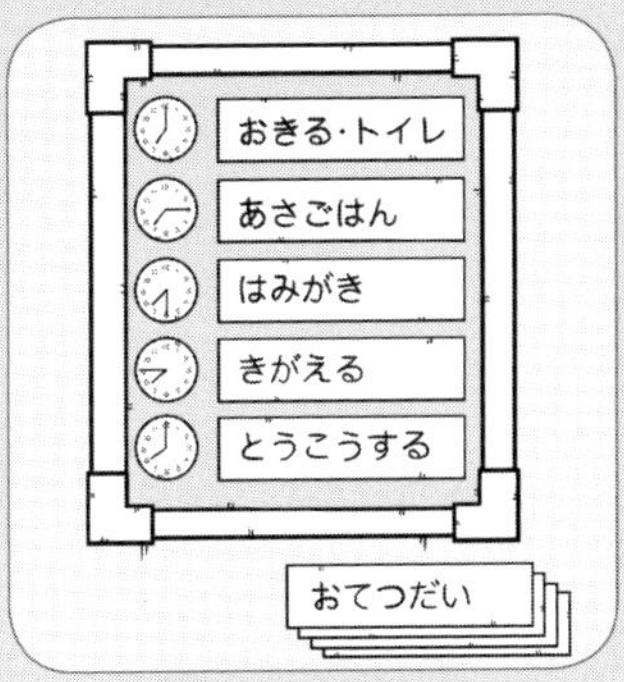

スケジュールを
見える化する

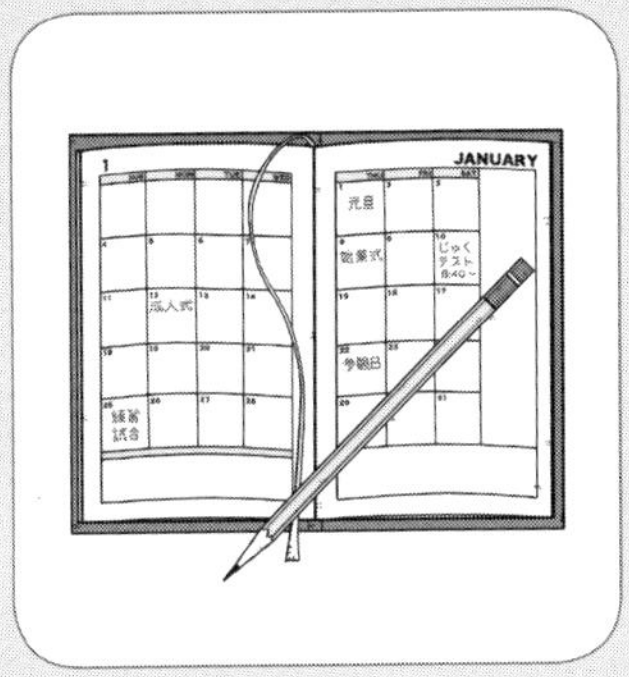

メモ帳やカレンダーは
スケジュールを見て行動する
ためのものと伝える

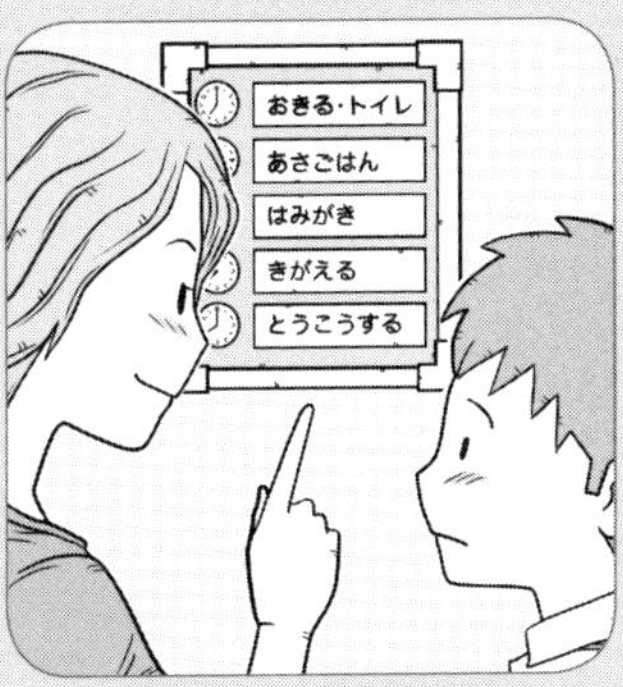

これは「行動の順番を
表すもの」と伝える

時間の使い方は生き方に関係します。時間を「見える化」することで自立的に動くことができるようになるのは、一つの到達点です。最初はこのような視覚的な支援が何を意味しているかわからないので、行動の順番を表しているのだということを教えていくことから始めます。

　大きくなったらメモ帳を持ち歩いたり、カレンダーを見て動いたり、作業スケジュールを見て自立的に動くことができるよう、能力に合わせての課題設定が必要です。

原因は？
PART 2
P 58・60

15 文字を読み書きするのが苦手

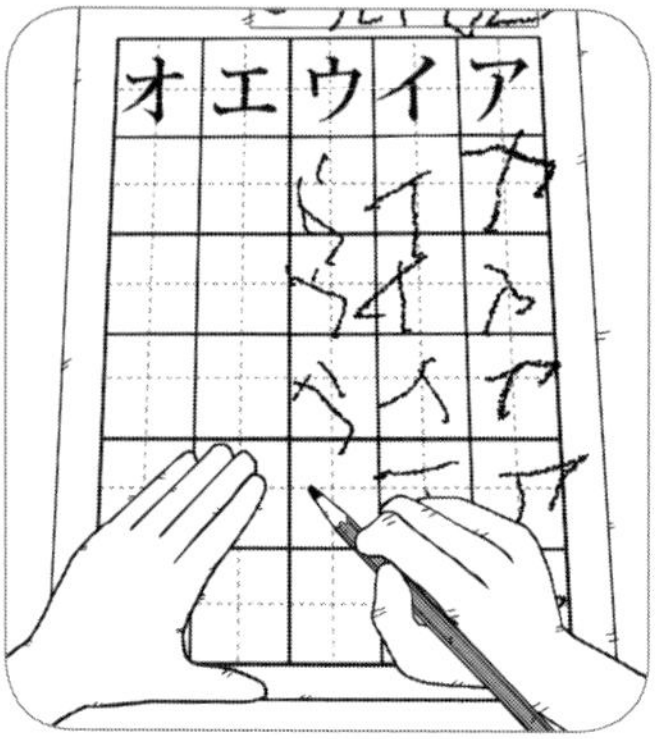

マスからはみ出し
読めない字を書く

一文字ずつ
区切って読む

漢字の音読み、訓読みが
できない

文章を音読させると一文字ずつ区切って読むため、何を読んでいるのか聞いていてわからなかったり、単語の途中で区切ったり、句読点があるにもかかわらずそのままズルズル読む子がいます。ひらがなは読めるのに、文章になると意味が伝わるように読むことが難しいのです。

また、書くことが苦手な子もいて、すごく時間がかかったり、読めないような字を書いたり、マスからはみ出したりします。ひらがなはできるけれどカタカナを読んだり書いたりできないことも。漢字は音読み、訓読みができなくて苦労します。

両側の行が隠れるように覆う

鉛筆に滑り止めグリップを使う

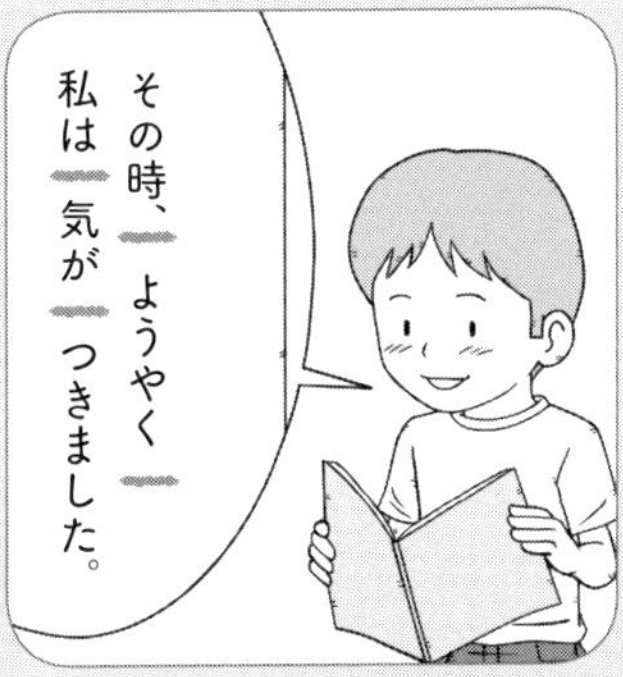

文節ごとに区切る

文章を読み飛ばす場合は、両側の行が隠れるように覆《おお》う、字が大きくなるように拡大コピーをする、文節ごとに区切る、漢字に振り仮名を入れるなどするとよいでしょう。

書くことが困難な場合は、マスを大きくする、鉛筆に滑り止めグリップを使うと字が書きやすくなることがあります。このような読み書き困難の特徴のある子の中に注意欠如・多動症の不注意優位型の子が多くいることがわかっています。疑われる場合は専門家に相談してください。

原因は？ ⬇ PART 2 P58・64・66
特におすすめの遊び ⬇ PART 3 P96～97・100

⑯ 数字がわからない

文字の大きさと数の大きさの違いがわからない

数を数えることができない

小学校で習う算数の中に困難なものがいくつもある

数に関する限局性学習症（ＳＬＤ）の子は４～６％と考えられ、幼稚園の頃は数えることができなかったり、３と８を並べてどちらが大きい数字かを聞くと、文字の大きいほうを選ぶといったことがあります。小学校に上がると計算の困難が生じ、０の理解が困難で「10」「１００」「１０００」という意味が理解できません。筆算、長さの読み方、量の単位、空間や形の理解が苦手だったりします。お金の計算ができなかったり、時間の感覚やスピードや温度がわかりにくかったりして、生活に困難が生じてきます。

算数は個別で
教えてもらう

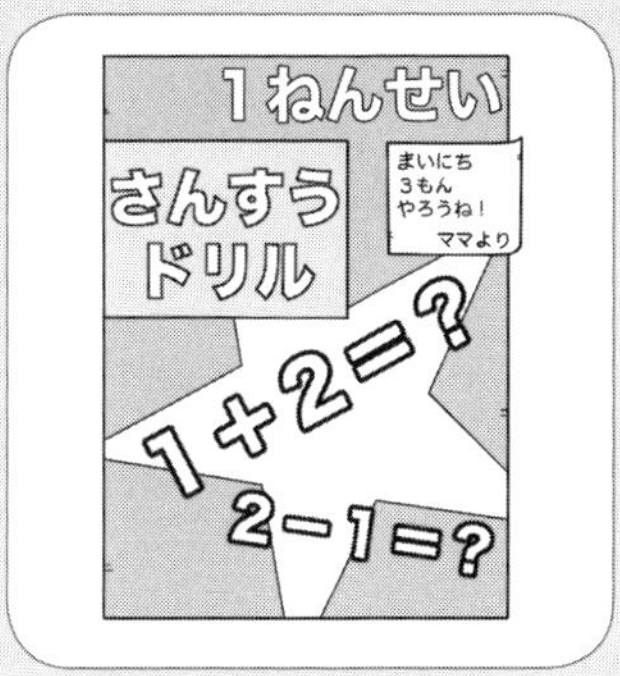

少ない量でもスモール
ステップで一つ一つ
丁寧に取り組む

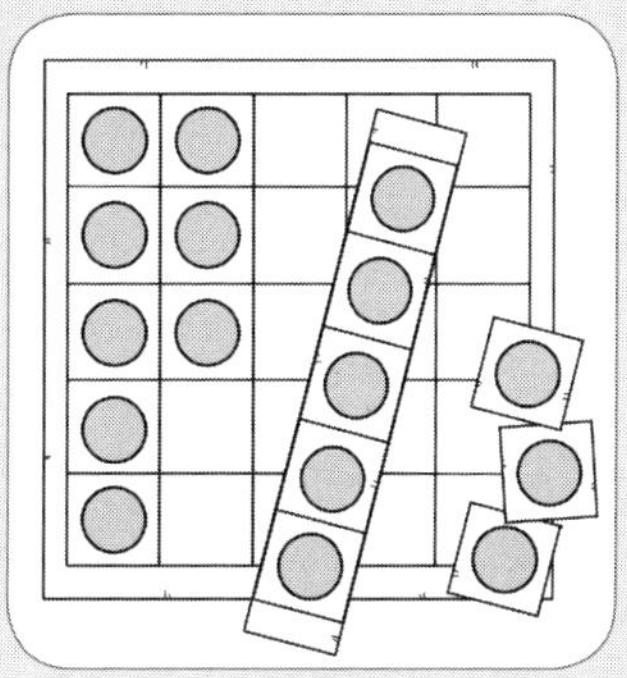

図やマスなど目で見て
わかる具体物で教える

算数は個別で教えてもらうといいでしょう。計算は目で見てわかるような図で一つ一つ対応させます。課題の質を上げて少ない量でも達成感のあるドリルを使い、スモールステップで取り組みましょう。桁《けた》の違いがどのくらいの数になるか、実際のマスを使ったりしながらなるべく具体的にわかるように工夫します。数字が苦手だとお金や時間にルーズになる恐れがあります。一つ一つ理解を積み重ねていく体験はとても大事です。

原因は？ ↓ PART 2 P66

特におすすめの遊び ↓ PART 3 P96～97

17 板書を書き写しづらい

同時に行うのが難しい

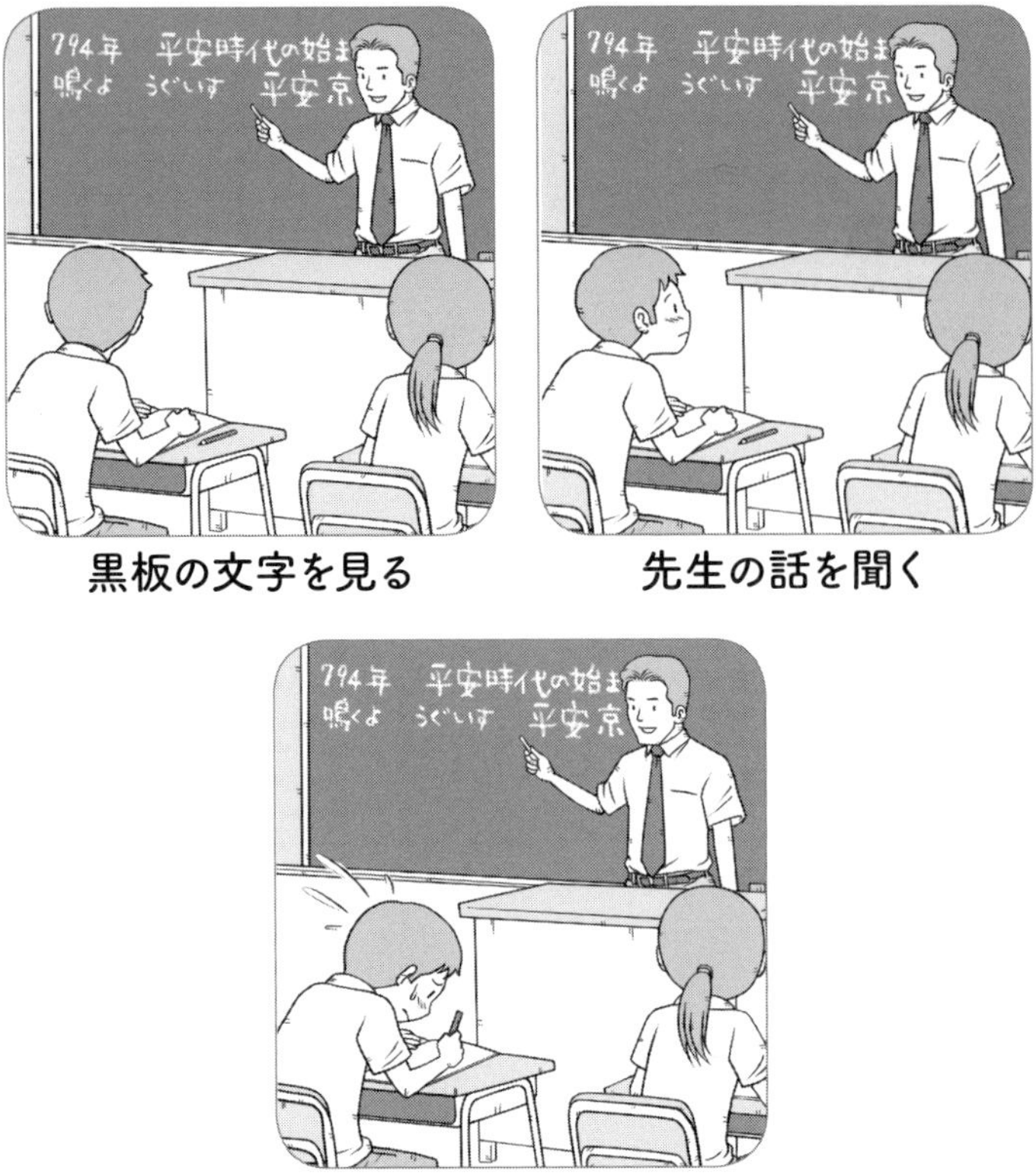

黒板の文字を見る　先生の話を聞く　書き写す

板書をノートに書き写す時、先生は説明を止めてくれません。先生の話を聞きながら、手は時間的には少し前に先生が説明したことを、後から読んでもわかるように書き写していくわけです。

また、先生は途中で生徒に質問をしますが、黒板を見てもすでに消された後だったりすることもしばしばで、さらに緊張が高まります。

小学校に入学して最初に困るのは連絡帳です。連絡帳の内容はとても大事なので決して書き漏らしてはいけないのですが、うまく書き写して帰れないことがあります。

板書の内容をあらかじめ
プリントでもらう

ノートに書けているのか
先生に確認してもらう

友達に見せてもらう

先生にお願いして授業の黒板に書く内容をあらかじめプリントでもらう、友達に見せてもらう、カメラを持って行って黒板を写すことを許可してもらう、席を一番前にしてもらいノートに書けているのか先生に確認してもらいながら授業を進めてもらうなどがありますが、どれも先生の理解と支援が必要となります。どうしても困っている場合は合理的な支援が必要だということを先生に理解してもらうためにも、病院での診断が必要かもしれません。

原因は？ ↓ PART 2 P58・60・64・66・70

特におすすめの遊び ↓ PART 3 P96～97・98～99・107

18 忘れもの、なくしものが多い

宿題を全部しているのに
毎回持って行くのを忘れる

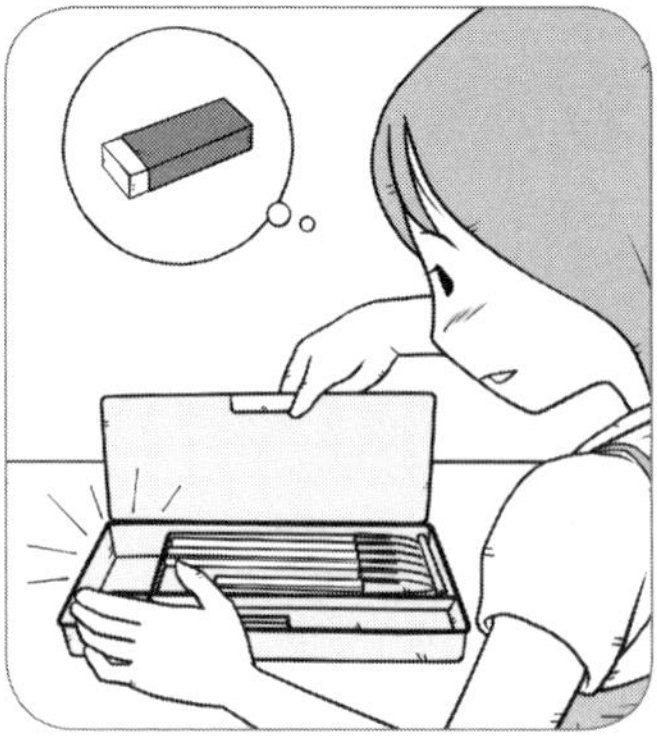

鉛筆や消しゴムが
頻繁になくなる

宿題を持って行ったのに提出
できないことが頻繁にある

傘をさして登校し、下校の時に忘れてしまうようなことは、誰にでもよくあることですが、学校から帰ってくると鉛筆が1本ずつなくなる、週に1回消しゴムがなくなるなどは、よくあることではありません。

宿題を忘れることはあっても、宿題を全部しているのに毎回学校に持って行くのを忘れたり、せっかく持って行ったのに提出できないことが頻繁《ひんぱん》にある、というのは少し気がかりです。学校生活や日常生活の妨《さまた》げになっているほど忘れものが多い場合は、専門家に相談してみる必要があると思います。

対処法

短く穏やかに
確認の声かけをする

部屋のドアにメモを貼る
（1～2枚が限度）

ランドセルや筆箱に
メモを貼る

日常生活の決まった場面で同じものを忘れる場合は、「宿題をカバンに入れましたか」と声をかけることが効果的です。短く穏やかな言葉で淡々と伝えるようにしましょう。

また、メモに書いて目にとまりそうなところに貼り、自分で気づいてもらう方法も。筆箱の蓋《ふた》の裏に貼ったり、ランドセルのカブセの裏に貼ったり、部屋のドアに貼って気づかせるようにすると有効かもしれません。ただし同じところに1枚か、多くても2枚にしておきましょう。

原因は？ ➡ PART 2 P58

特におすすめの遊び ➡ PART 3 P96～97・109・114

⑲ かんしゃくを起こしてしまう

何か手に持たせないと
納得しない

自分の希望通りにならないと
ずっと怒り続ける

予定を変更されると
かんしゃくを起こす

かんしゃくは、例えば熱が出て体調が悪い場合、お腹が空《す》いている場合、眠い場合など本人の体の事情で起こっている場合と、天候や気温の変動、生活環境の変化などによる情緒的な変動があり、同じことでも我慢できたりできなかったりします。

自閉症スペクトラムの子は行動がパターン化されていて、大人の事情で変更されるとかんしゃくを起こします。外出時の買い物も同じで、買わないパターンになれば良いのですが、買い物についていくのであれば何かを欲しがるといった、パターン化することがしばしばあります。

対処法

小さいかんしゃくの時に
過剰な制止をしない

穏やかに
今の気持ちを聞く

できる限り
気づかぬ振りをする

一人で遊んでいる時やゲームをしている時に自分が思うようにできなくてかんしゃくを起こすことがあります。そのような場合、介入すると余計にかんしゃくが激しくなるので、自分で落ち着くまで見て見ぬ振りをして見守る対応が必要なこともあります。そして少し落ち着いたら、今どんな気持ちなのか、またどうしてそのような気持ちになったのかをじっくりと聞いてあげてください。そして何か手伝えることがあるか聞いてあげてください。

原因は？⇩PART 2 P58・60

特におすすめの遊び⇩PART 3 P102～105・112～113

コラム ＼ふにゃふにゃ防止に／ 覚醒度コントロール5ヶ条

人間の体は起きている時でも、ギンギンに起きている状態から、ほとんど寝ているのと変わらない状態まで様々です。これを「覚醒度」と呼んでいます。つまらないなあ、と思ってしている作業の時や食事の後など、疲れている時は覚醒度が下がっています。覚醒度が下がると体の緊張が低下し、ふにゃふにゃになり、姿勢が崩れてしまいます。覚醒度が下がらないようにする方法は5つあります。

1．興味を持たせる

面白いな、興味があるなと思って聞いたり取り組んだりしている時は姿勢が保たれます。カタカナの練習には全く興味がなくても、好きな電車の名前をカタカナで書くというふうにすると興味を持てます。

2．見通しをはっきりさせる

目標を決めて初めから終わりまでの項目をリストに書き出して、終わりがわかると、そこに向かって意欲的に取り組むことができます。

3．ごほうびを使う

ごほうびはほめ言葉でいいかもしれないし、シールを貼る、一緒にどこかに行く、本人が欲しがっていたものをあげるなど様々です。

4．切り替えの活動を間に入れる

20分、30分と長い時間一つのことをさせると飽きてしまいます。10分くらいで別の活動を間に入れ数分休んで、再び取り組んでみましょう。

5．体に感覚刺激を入れる

バランスボールに座りながら課題をしたり、気にならない程度の音楽を流したりしながらの勉強は、覚醒度を上げてくれます。

PART2

知ってください、困りごとの原因

注意欠如・多動症（ADHD）について

注意欠如・多動症（ＡＤＨＤ）とは多動症状、不注意症状、衝動性を認める発達障害です。幼少期から症状が出現し成長とともに変化していきますが、小さい頃は明らかな症状を認められない方もおられます。多くの方は小さい頃は多動症状が優位ですが、小学校高学年になると多動症状が減って不注意症状が中心となります。

高学年になると授業中は座ることはできているけれども、ゴソゴソと体を動かしたり、授業中に集中できずボーッとしたり、授業とは関係のないことをするなどしていることもあります。忘れものをしたり片付けができない、勉強に集中できないなどの症状は共通しています。

実行機能、抑制機能、時間機能の３つがうまく働かないため症状が出ると考えられています。この機能には神経伝達物質である、ドーパミンやノルアドレナリンが関わっていると考えられており、薬では神経伝達物質を適正化するタイプのものが

郵便はがき

料金受取人払郵便

京都中央局
承　認

8191

差出有効期間
2020年12月31日まで

(切手は不要です)

601-8790

205

京都市南区西九条北ノ内町十一

PHP研究所
家庭教育普及部
お客様アンケート係 行

1060

ご住所 □□□-□□□□		
お名前	ご年齢　　歳	お子様のご年齢　　歳
メールアドレス		

今後、PHPから各種ご案内やメルマガ、アンケートのお願いをお送りしてもよろしいでしょうか？ □YES □NO

<個人情報の取り扱いについて>
ご記入頂いたアンケートは、商品の企画や各種ご案内に利用し、その目的以外の利用はいたしません。なお、頂いたご意見はパンフレット等に無記名にて掲載させて頂く場合もあります。この件のお問い合わせにつきましては下記までご連絡ください。
（PHP研究所　家庭教育普及部　TEL.075-681-8554　FAX.075-681-4436）

PHP アンケートカード

PHP の商品をお求めいただきありがとうございます。
今後の商品制作のために、あなたの感想をぜひお聞かせください。

お買い上げいただいた本の題名は何ですか。

どこで購入されましたか。

お求めになった理由をお選びください。

1 内容に関心があったから　2 タイトルに興味をひかれたから
3 作者に興味があったから　4 人にすすめられたから
5 その他【　　】

ご利用いただいていかがでしたか。

1 よかった　2 ふつう　3 よくなかった

ご感想などをご自由にお書きください。

日頃どのようなことに興味をお持ちかを、下記よりお選びください。また、その理由や日常生活で困っていること、知りたいことなどをご自由にお書きください。

1 子育て　2 家事　3 料理　4 健康　5 趣味　6 子どもの勉強
7 その他（　　）

使われています。

ＡＤＨＤの子は自分では真面目に取り組もうと思っています。しかし、思わず別のことに注意が向いて体が動いてしまいます。話をしているとすぐに気がそれて全く関係のない、たまたま見えたものに注意が向き、そこまで触りに行ったり、話の途中に「あれは何」と聞いてきたりしますから、話しているこちらはちゃんと聞いているのだろうか、と思ってしまいます。しかし別にその話をしたくなくて話をそらしているわけではありません。その辺りが一緒に生活している方や学校の先生や園の先生には理解いただけないことが多く、徐々に語気を荒らげて怒られることになります。

本人は悪気があったり後ろめたいことをしている意識がないので、なぜ怒られているのかわからず、逆に自分ばかりなぜ怒られるのだろうと悩んでいることもあります。

ＡＤＨＤは診断がついて特性を知るところから支援や理解、治療が始まります。決してわがままではない、本人は真面目にちゃんとしたいと思っているのだということを、周りの人は理解してあげる必要があると思います。

自閉症スペクトラム（ASD）について

自閉症スペクトラムとはイギリスの児童精神科医のウィングという先生が、研究し、広まった概念です。社会的な場面で困り感を持ち、支援を必要としている3つ組の特性を有する子どもたちがいて、知能に関係なく様々な社会的な場面で、この特性が多岐にわたって影響することであるとしました。後にDSMという米国精神医学会の診断基準で広汎性発達障害（PDD）と言われることになります。

現在はDSM-5の日本語版が出版されていて、その中の診断基準が使われています。DSM-4からDSM-5への変更点で注目すべきは、今までは自閉症スペクトラムと注意欠如・多動症は併存診断されなかったのが、併存診断されるようになったこと、診断基準に感覚過敏の項目が付け加えられたことです。またDSM-5では「自閉スペクトラム症」と名前が変更され、「障害」から「症」に変更されました。自閉症スペクトラムがウィングの診断を意識しているのに対して、自閉ス

自閉症スペクトラムの3つ組

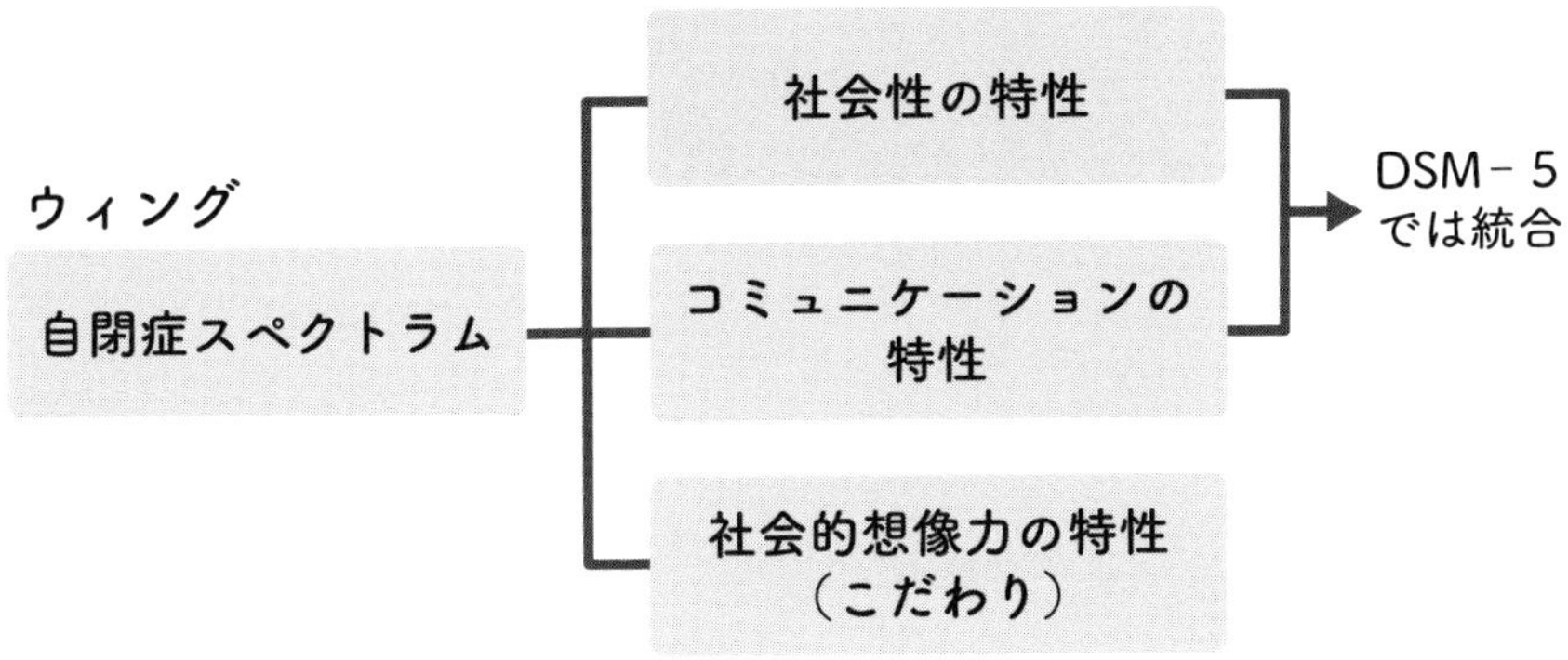

発達障害の分類

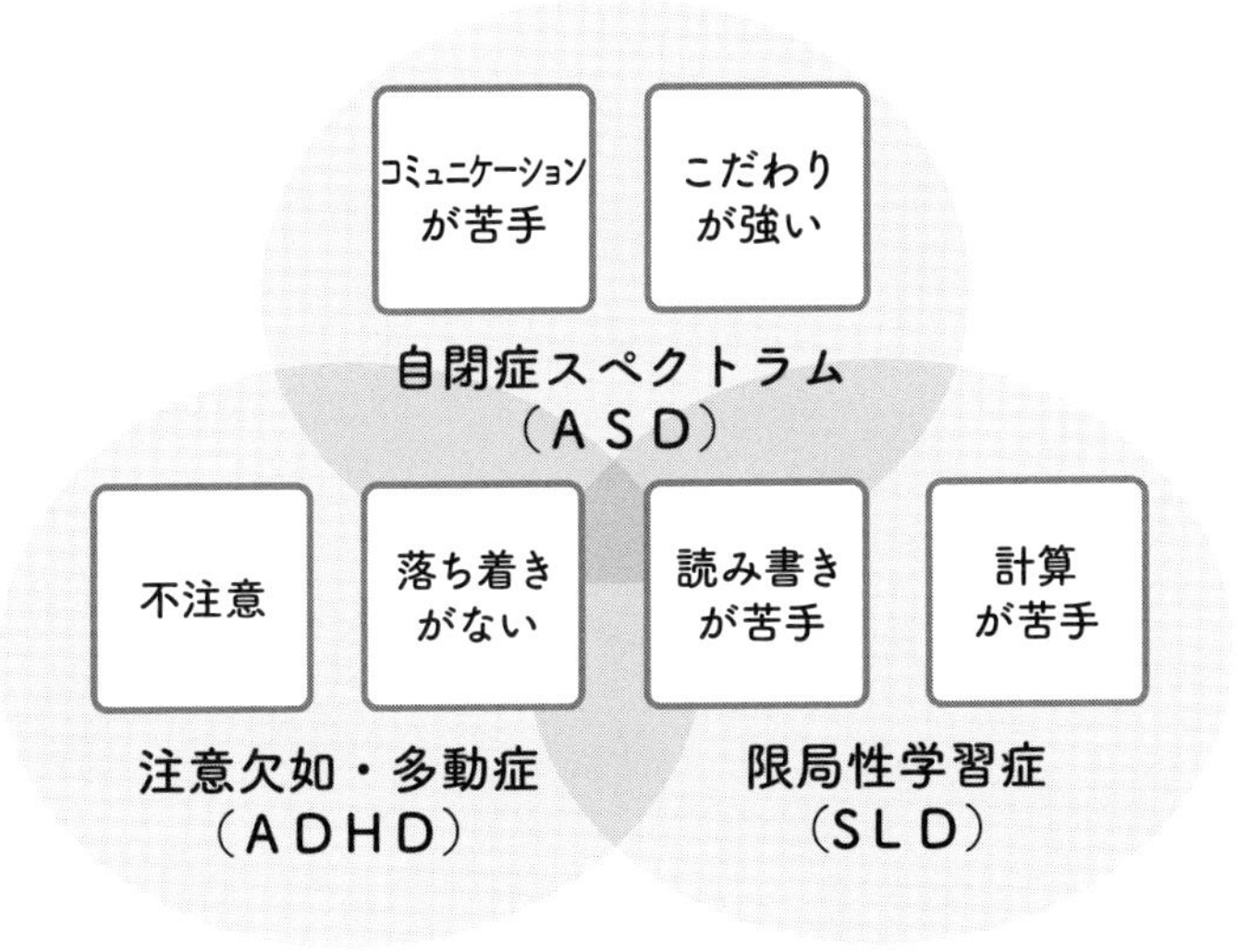

境界はあいまいで、重複する場合もある

＊知的発達症は自閉症スペクトラム（ASD）、注意欠如・多動症（ADHD）と併存することがありますが、限局性学習症（SLD）は知的発達症とは併存しません。

ペクトラム症（広汎性発達障害）というとDSM-5の診断名ということになり、ニュアンスが異なります。しかし同じ特性を持っていることには変わりなく、支援の方法や本人の困難は変わりません（広汎性発達障害、特定不能の広汎性発達障害も同じです）。医師の診断は、このような診断基準に沿って行われます。

小さい頃に見つかる場合、3歳前後に言葉の遅れがきっかけで見つかることが多く、早期に療育されると、そうでない子たちよりも予後がいいということが言われています。

自閉症スペクトラムの子が成長して自覚する感覚的な偏り、過敏ですが、抱っこされるのが嫌とか逆に寝かされることが嫌、夜寝ていてもちょっとした音で目がさめる、離乳食が進まないなど、実は乳児期から関連する症状が認められています。親は「どうしてこの子は何もないのに泣くのだろう、どうして怒っているのだろう」と感じて、どのように子育てすればいいかわからなくなり、自分が親に向いていないのではないかと感じてしまいます。ですからなるべく早く子どもの特性に対する理解を親に伝えてあげられるほうがいいと考えています。

「ここからここまでが診断の範囲です」という話も大事ですが、〝困っていることに対して、どう対応すればいいのかを教えてほしい〟というのが、皆さんの知りたいことだと思います。診断をすることを据え置きして、対応についてのみの話をするという考え方もあります。

しかし一方で、自閉症スペクトラムという言葉が、対応の方法やどのように困っているかを理解していくための入り口ということもあり、診断名を通じて初めて気づいたり、理解できることもあります。

また、診断を様々な支援を受けるための切符とも捉えることができます。逆に伝え方によっては、診断という言葉でレッテルを貼られると感じてしまう危険性もあります。診断を生かすためには、特に子どもが感じている主観的な困難に注目し、本人の視点に立って理解をし、対応していくことが大切です。

知的発達症について

知的発達症は、日常生活や社会活動で様々な支援が必要な、知能検査でおおよそ70以下の方たちにつけられる診断名です。

一般的には、知的発達の遅れのある子は、乳幼児期から言葉や運動の発達が遅いことで発見されます。寝返りが遅れたり、ハイハイが遅かったり、つかまり立ちや独り立ちして歩くことが遅かったりします。ですから乳児健診の段階で発見されることもあります。

言葉の発達が遅い子でも、集団生活の中で落ち着いて過ごせ、指示に従順な知的発達の遅れのある子は少なくありません。そのような子は小学校の高学年になり、限局性学習症（ＳＬＤ）の疑いで受診されることもあります。

知的発達の遅れというのは、様々な原因があることが知られています。染色体の問題や、お腹の中にいる時の感染症など、また、生まれてからかかる乳児期のてんかん、感染症、事故などが原因として知られています。赤ちゃんの頃に発症するてんかんは、脳の発達に重大な影響を及ぼします。発症から早期に治療をすることで、脳の発達の遅れを最小限に抑えることができます。脳に至るような感染症や、インフルエンザが原因で起こるインフルエンザ脳症の後遺症としてもみられます。

知的発達症の子たちは自閉症スペクトラムや注意欠如・多動症など他の診断が同時につく子が多く、知的発達の遅れが大きいほど増えることが知られています。運動の遅れのある子には、脳の画像検査をしてみると問題がある子も多くいますし、てんかんを発症する子も多く認められます。また思春期になり、うつや統合失調症などを発症することもあります。

注意しないといけないのは、周囲が思っているほど本人は周りのことをわかっていないわけではない、ということです。皆ができることができなくて、それを本人がよくわかっていることもあり、「お母さんを困らせてごめんね」といった気持ちを持っている子が多くいます。基礎疾患の治療をしっかりと行い、併存障害を早期に評価して、本人の能力に適合した環境を設定してあげることが大事なのです。

限局性学習症（ＳＬＤ）について

他の子と遊ぶことができていたり、比較的行動が落ち着いていて、大きく気になるところがないにもかかわらず、勉強をさせてみると困難を抱えている状況を限局性学習症（ＳＬＤ）と呼んでいます。学習障がい（ＬＤ）と呼ばれていたものと同じ概念です。

ひらがなやカタカナを覚えられなかったり、漢字を覚えてもすぐに忘れたり、連絡帳を書くことができなかったり、よく出る音読の宿題で行を飛ばして読んだり、単語の途中で区切って何を話しているのかわからないような読み方をしたりします。算数では簡単な計算でも指を使わないと計算ができなかったりします。

学習とは、「読み」「書き」「計算」「推論」です。音楽が苦手な子、絵が描けない子、ダンスができない子は、ＳＬＤと呼ぶことはありません。

読むことについては目の動きや注意の持続、言葉の理解などが影響します。書くことについては目の動き、手の微細運動、文字を見て記憶する能力などが影響します。漢字は形の認識や、運動パターンの記憶、言葉の概念などが関係します。どこからどこまでがSLDなのか、はっきりとした線引きは難しく「著しい困難」を有する子たちということです。SLDの子にとって学習は苦手なことであるため、十分にできていると思えなかったにしても、その取り組みに関してしっかりとほめてあげることが大事でしょう。

SLDの子は学習場面のみの困難というわけではなく、生活の様々な場面での社会的構造、ルールなどの概念を理解することが難しい場合があり、どのように支援していくかを検討する必要があります。

また「読み」の困難がある子では、読み上げてもらうと理解できる文章でも、自分で読むと理解できないことがあります。そういう子は問題を読み上げてもらえば解けるのですが、それができないため、テストでは不当に低い評価を受けることがあるのです。不利にならないように、今はテストの場面などで支援を受ける取り組みが広がっています。そういう意味においてもSLDの診断は重要になると考えられます。

傷つけられて二次障がいになるか特性が開花するか

子どもは全て周りの人に好かれたいと思い、周りの人が喜んでくれる行動をしようとします。子どもと一緒にいることが困難な親はいても、その子が少しでも良い大人になってほしいと心から願っているでしょう。しかし、子どもの様々な理解できない行動は周囲の人に誤った解釈を生むことになり、その誤った解釈による対応は、別の不適切な行動の素地を作ります。

誤った解釈による対応が思春期まで続くと問題が大きくこじれていき、二次障がいと言われる状態になる素地ができてしまいます。

小さい頃にその子の特性を知ることは、その子の行う様々な不思議な行動の理解を深め、正しい対応方法に対する指針を得て、子どもが周りに認められる行動を引き出していきます。

良い行動が引き出されていくと、そのことによって家族の中の考えが共有されていきます。できれば集団活動が始まる4歳ぐらいまでに特性がわかるといいのですが、遅くても小学校低学年までに周囲が理解できる機会があると良いでしょう。10歳を超えてくると自己認知が発達してきて、自分を見つめるもう一つの自分が作られていきます。そうなると対応の方法も小さい頃とは変えていかなくてはいけません。

本人の行動が「わざとしているわけではない」と理解できると、本人にどう振舞えばよいかということを気づかせたり、良い行動を引き出していくための工夫について相談ができるようになります。素直に自分の苦手なことを認め、工夫の提案を受け入れていけるようにしていくためには、小さい頃からの周囲の理解ある対応が大事になってきます。

しかし、日々の生活でどのような場面で困り、どのように対応していかなくてはいけないのか。誰か信頼できる人を見つけて、相談しながら進めていきましょう。必ず理解の糸口や方向性は見つかります。

感覚の敏感さ、鈍感さがもたらす困りごと①

聴覚について

自分の周囲で起こっていることを、わかりやすい形で脳内に伝えることができないとは、どのようなことなのでしょうか。

実は脳は、周囲で起こっていることを起こっているままに伝えているのではなくて、脳がよくわかるように加工して伝えています。加工がうまくいけば周囲の状況がすんなり脳内に伝わるのですが、うまくいかないと違和感を持って入ってきます。

例えば人がたくさん入っている喫茶店で話をする際、脳のシステムは周りの人の声やクーラーなどの雑音や店員さんの声や食器の音をなるべく聞こえないように、前の人がしゃべっている声だけが聞こえるようにして集中させます。

そのように必要な情報のみをよく伝わるように際立たせて、必要ではない情報を減じていくシステムが、脳には備わっています。

感覚のフィルターが働かないと、目の前の人の声がよく聞き取れなかったり、前の人の声がよく聞き取れなかったり、逆に周りの音がとても気になったりします。

そのようなシステムのことを「感覚のフィルター」と呼んでいますが、そのようなフィルターがうまく働かないとどうなるのか。目の前で話している人の声がよく聞き取れなかったり、逆に周りの音がとても気になったりして「ちゃんと聞いているの!?」と怒られます。

同じような状況が園の集団場面や学校の様々な場面で起こっていると考えられています。自閉症で知られるアメリカの動物学者、テンプル・グランディンは小学校の教室で皆が騒いでいる時、トンネルの中で音が共鳴しているようなうるささを感じたと言います。

必要な音が抽出できないと、相手がしゃべっている言葉がよく聞き取れないため、言葉の習得や集団活動での振舞いにも影響を与えるのではないかと考えられます。

視覚について

聴覚だけではなく、視覚的なことでも影響が考えられます。興味のある形やものがあるとそれをじっと見ずにはいられないということもあります。

回るものやキラキラするものに目がいってしまうことはよくありますが、ボタンとか特定のマークとか一般的ではないものでも、その子の好きなものがあるとそこに吸い寄せられるように、視点が固定されます。

そうすると話が中断したり、何をしていたか忘れてしまいます。授業中や友達と遊んでいる時にそういうことが起こると、勉強の理解や友達との関係に影響が出たりします。

言葉を習得するような時期に頻繁に注意力がそがれるようなことがあれば、言葉の習得が遅れるでしょうし、周囲との関わりにも影響が出てくるのです。

つい目の前のものに吸い寄せられてしまう

- 回るもの
- キラキラするもの
- ボタン
- 特定のマーク

友達との会話
↓
話が中断してしまう
↓
友達との関係が
うまくいかなくなる

授業中
↓
何をしているか
わからなくなる
↓
勉強の理解が
遅れる

触覚について

触覚を含む皮膚感覚などはどうでしょうか。これには「温痛覚」「触覚」「圧覚」などがあり、それぞれ感覚受容器が異なりますし、脳に入っていく経路や場所も異なっています。そしてそれぞれの感覚に偏りの現象があります。

温度の感じ方に偏りのある子は暑さや寒さがわかりにくいため、冬でも半ズボンや、半袖だったりします。服に対するこだわりがそうさせていたりすることもありますが、温度のわかりにくさが影響していることもあります。しかし、それで風邪をひきやすいというようなことは意外とありません。逆にちょっとした温度の変化、暑くなったりすることがイライラの原因だったり、体の不調の背景にあったりします。触覚は服の締め付け感や風合いに対して気になることもあります。触覚過敏があるとそれが気になり、必要なことに注意を向けるのが難しくなります。

- 温度の感じ方に偏りがあると暑さ寒さがわかりにくい
- 暑くなるとイライラしたり、体調が悪くなったりする
- 衣服の締め付け感を嫌がる

↓

これらが気になって必要なことに注意を
向けられなくなってしまう

感覚の偏りと脳の中で起こっていること

脳の感覚情報は、嗅覚以外は視床を一旦中継して大脳皮質に入りますが、視床に入った感覚情報は扁桃体というところに瞬時に入り、感覚情報がどのような種類か目印をつけられます。

人間が弱い動物だった頃、危険な状況になった時には考える間もなくすぐに逃げなければいけませんでした。例えば危険な捕食動物に狙われている時に、瞬時に察知して逃げないといけません。このように、人間が進化の過程で必要だった脳の回路がまだそのまま残っているわけです。

この回路は、例えばコミュニケーションの時に大事な相手が絆を深めるような仕草をした時に気持ちが自然と高ぶったり、食べてもいいものとそうでないものを感覚的に判断したりと、様々な感覚情報を結びつける機能を持っています。

この原始的な扁桃体に関連した感覚刺激とつながっている情動のネットワーク

が、感覚的な過敏や偏りと関連しているのではないかと考えられています。そして、そのような感覚の情報を、意識にのぼった形で、大事な情報であるとか、後回しにしてもいいという処理をしているのが、「実行機能」と言われている脳の機能です。

感覚情報は脳の中の扁桃体に入る

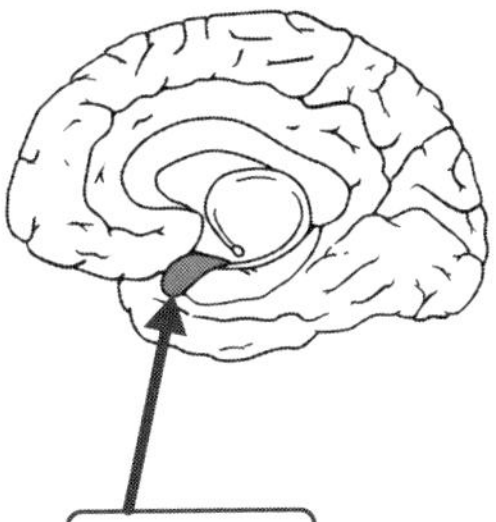

- 好き、嫌いを本能的に感じる
- 大脳皮質よりも古い脳
- 闘争本能や攻撃行動も司《つかさど》っている

扁桃体 ＝ 恐怖・不快・不安
怒り・興奮
原始的な反応

↓

感覚的な過敏や偏りと関連

↓

大事な情報か、後回しにしていいかを脳の実行機能が処理する

脳のシステムの説明にはパソコンがよく引き合いに出されます。机と本棚にたとえられることもあります。

パソコンの記憶を担《にな》っている機器はハードディスクとRAM（ランダムアクセスメモリー）です。ハードディスクは長期間情報を記録するところで、本棚ともたとえられます。

RAMは現在開いているアプリや画面の一時的な情報を記録しているところで、机の広さとたとえられます。RAMの記憶容量が大きいと、動画編集やたくさんのアプリを同時に開いて作業ができます。机の上にたくさんの本を広げるのと同じです。

同じように、脳にも一時記憶中枢と長期記憶中枢があり、それは一時記憶（短期記憶）がRAMで海馬にあたり、長期記憶が大脳皮質と考えられています。

実行機能は一時記憶とほぼ同じです。実行機能は様々な情報の文脈の理解、会話などの聴覚情報を中心として同時に行う行動、また、作業のプランニング、情動のコントロール、運動のプランニングなどです。

会話は脳の様々な場所を駆使しなければできないと考えられています。久しぶり

脳のシステムをたとえると…

パソコンなら…

短期記憶 → 長期記憶へ

動画　アプリ

RAM → ハードディスク

机と本棚なら…

実行機能＝机

長期記憶＝本棚

実行機能の割り当て

身体運動　情動処理　作業

↓

状況によってそれぞれの割り当ても変わってくる

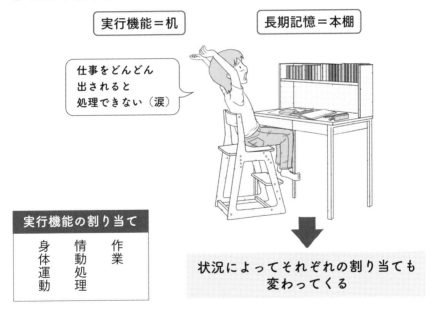

に会った人と話をする時に、その人と前回どんな話をしたか、失礼のないように話をするためには、どのように言葉を選べばいいかを瞬時に判断しないといけません。話が進んでくると、様々な話題について脳の中の長期記憶にアクセスしながら、どのように話せばいいか、実行機能を駆使して会話をつなげていきます。相手の表情、周囲で何が起きているか、自分の会話の中で生じる感情を処理したりと、周囲の状況から起こっている感覚的なことも同時に把握していかなくてはならないのです。もし感覚の過敏があり、周囲の人がしゃべっている音が必要以上に入ってきたり、はいている靴下や肌着が合わなくてムズムズしたりすることに必要以上に気をとられ、限りある実行機能を使わないといけなくなると、判断に時間がかかり、会話についていけなくなるでしょう。

また、実行機能に負担のかかっている状況では、相手の些細な言葉の表現が、怒るほどのことではないと脳が処理できずに、カーッとしたりイライラしたりしてしまいます。感覚的な過敏に注目してその要素を減らしていくということは、実行機能に対する負荷を減らすことになり、その時の状況に対処できる脳の状態を作りやすくしていくことになるのです。

感覚過敏が会話の中での脳の実行機能を邪魔する

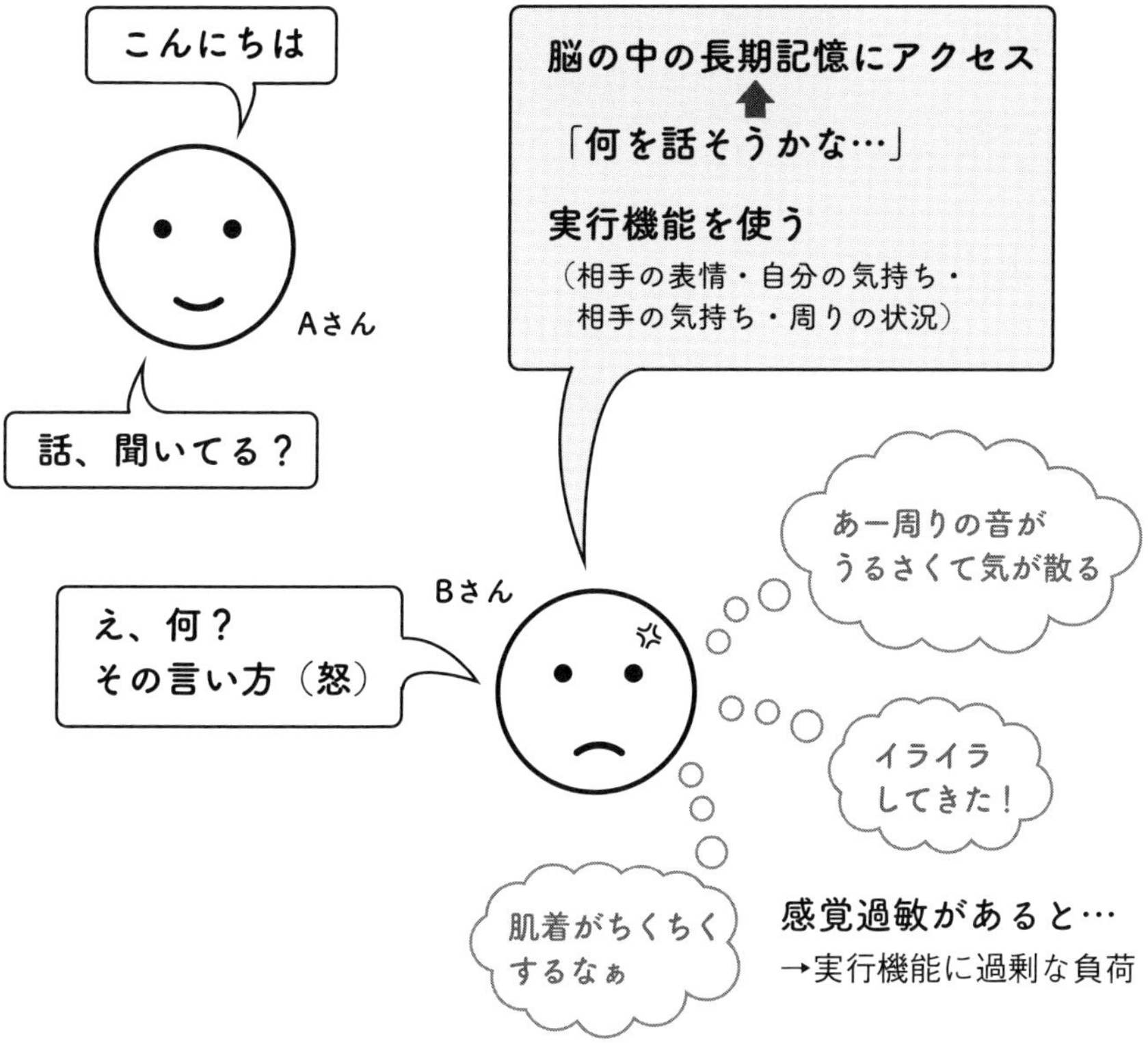

実行機能の負担を減らすには 見える化 構造化 をするとよい。脳の情報処理がスッキリして、感覚過敏や不安が減る。だから、スケジュール表やメモは有効

ボディイメージの未発達

このように動かせばこういうふうに体が動く、ということを頭の中でイメージし、体の動きや限界、周囲の環境に対する体の姿勢や状態が把握されていて、脳の中の様々なネットワークがバランスよく協調して働いた結果、初めて流れるような運動が実現します。発達特性のある方を診察すると、大きな神経学的異常は見つからないものの、眼球運動や体のバランス、手指の微細な運動の苦手さなどの軽微な神経の兆候が見つかる場合があります。そのような軽微な兆候によって、認知のばらつきや運動の苦手さ、学習面での困難を説明できることも少なくなく、ボディイメージの偏りと関連していると考えられます。

人物画や自画像を描くことでボディイメージの偏りに気づくきっかけになることもあります。体の特定の部分を描かない等、偏った表現がみられたり、そもそも人や自分に全く興味がないこともあります。自動車は細かいところまで描くのに、人

人物画や自画像を描かせることで偏りに気づく

- 体の特定の部分を描かない等、偏った表現
- 自動車は細かいところまで描くのに、人や自分については棒人間にする

↓

ボディイメージに偏りがある

や自分については棒人間にするなど、興味の持ち方も関係あります。

鏡を見ることで自分の姿がどうなっているのかがわかるということがあるので、鏡は療育でも使われます。

鏡はダンスをする時など、自分の姿を確認するために使いますが、自分の体を見て感じることで、体の動きと見た時の良いボディイメージを作ることは自己肯定感につながります。

感覚の偏りがあると、このボディイメージが作りづらくなります。手や足の一部の感覚が過敏な子は、足の裏が地面に当たるのが嫌でつま先立ちになるなど、運動時にその部分が気になってしまいます。

感覚の鈍さがあるとその部分のイメージがつきづらいので、確認するためにその部分を叩いたり、刺激して確かめようとします。歯医者で麻酔をしてもらった時に感覚のない部分を刺激したり噛んだりしやすいことと同じようなことです。

逆に、爪を切ったり髪の毛を刈ったりすることを激しく嫌がるのは、ボディイメージの輪郭が拡大することと関連があると考えられます。本人にとってはその部分も体の一部と感じているのではないかと考えられます。

感覚の偏りがあると…

- 手足の一部の感覚が過敏
  →足の裏が地面に当たるのが嫌など、運動が困難に
- 手足の一部の感覚が鈍い
  →その部分に刺激を入れたくなる
- ボディイメージの輪郭が拡大
  →爪や髪を切るのを嫌がる

実際の体の実情に近づけるには？

鏡は療育現場でも使われている

自分の体を鏡で見て感じることで、体の動きと見た時の良いボディイメージを作ることは自己肯定感につながる

診断を受けてからが大切

私は、治療という言葉はこの子たちとの関わりにはそぐわないなと思いながら日々取り組んでいます。例えばガンとか感染症の治療のように、悪い部分を取り除いたり、改善したりするという治療イメージとは異なります。この子たちへの関わりは、日常で妨げになっているものを取り除いて良い育ちを導き出していく、そういった取り組みだと思います。

子どもは成長します。どんどん成長するので、成長のエネルギーを望ましい方向に向ける方向づけや「手立て」を考えていくのが私たちの使命と捉えています。「手立て」というのは学校や家庭で良い行動が増えていくような環境を作っていくことです。

良い「手立て」を見つけていくためには、「診断」や「評価」が大事です。変わらない困りごとを見極めていき、それが今後どのように影響していくかを予想していくことが「診断」です。生活環境の変化や本人が過去から未来へ向かう成長の中で「今後も変わらず困るだろう」ということを見つけていくことが「診断」と言えるだろうし、「評価」と言えるのだと思います。変わらないと思ったことが薄くなっていくこともしばしばみられますが、取るに足らないと考えていたことが成長に伴って、社会適応を妨げるほどの問題になることもあります。

また、診断をする過程で行った検査や発達の情報から、どのようにしていけばいいのかが見えてくるので、診断というのは過程がとても重要です。発達検査時の検査者の気づき、診察室での振舞いや言動などが、本質的な困難への気づきにつながることがあります。

発達診断では疑ってから結果が出るまでの期間が長いので、診断をしてもらったらそこで安心して相談が途切れてしまうことがあります。本当は診断をなされた後からが大事で、集団生活での支援や家庭生活での具体的な工夫や相談がそこから始まります。診断を受けた後に様々な療育や介入がありますが、特に大事なのは、人は信頼に値するものだ、ということを実感できるような関わりの背景があることです。良いと言われている方法ほど、手法のみならずその子との関係性を重視しています。

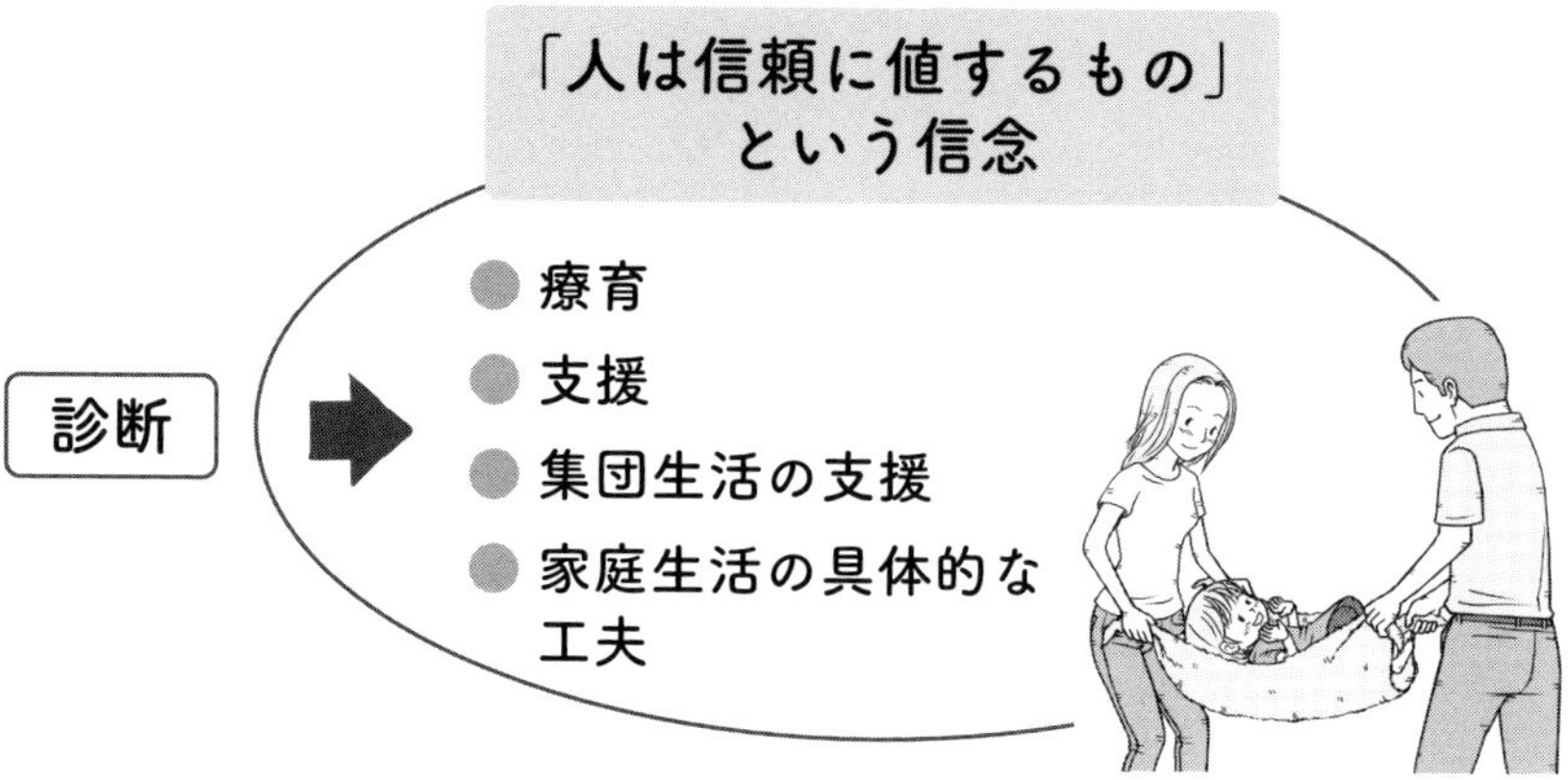

言葉が出なくても一緒に生活し、集団の中で時間を過ごしていくうちに、どのような子にも「人は信頼に値する」という信念を入れていくことは可能、と考えています。そのような関係の中で取り組んでいくことが、生きていく自信につながっていきます。時間と工夫が必要ですが、まずそこから始めましょう。

例えば日向《ひなた》を好む植物と日陰を好む植物があります。日陰を好む植物は日向にずっと置かれているとうまく成長しません。その子その子で過ごしやすい環境が異なっていることを周囲の人が理解していくことが、大事です。「この子は日向が苦手だけど、いつも日向に出されていて、辛いのによく頑張っているんだ」と理解することが第一歩だと思います。

PART3

やってみましょう、苦手をなくす工夫や遊び

家庭で日常的に続けよう

発達特性のある子は関わること自体が大変です。「関わり遊びをしましょう」と言っても、本人は好きなことばかりしてこちらの働きかけに注目してくれません。最初は、子どもの遊びを隣でまねしてみましょう。すると一緒に遊ぶようになります。そして慣れて少し関わってきてくれたら、それに反応してこちらも関わりを増やしていきましょう。

集中ができない子は目につく場所におもちゃがあるとそれを出して遊ぶということを繰り返すため、すぐに散らかってしまいます。出されては困るおもちゃは別のところにしまっておき、遊んでもいい時に遊んでもいいところに移動させて遊ばせましょう。

向かい合って何かをするということは苦手でも、同じ方向を向いて何かをすることには取り組める子たちです。何か一緒にできることを探してみましょう。

夕食の支度時間は非常に忙しいと思いますが、幼稚園や保育園、小学校であったことを聞いてあげてください。水遊びをしたとか、何かを食べたと言う時、「お母さんも水遊び好きだったよ。小さい頃はいつも泥んこになっていた」とか「お母さんもお芋大好きよ、今度家でも作ってみようか」など、しっかりと共感し、「楽しかったね」と言って抱きしめてあげてください。

植物を育てる体験も一緒にできることです。花が咲いたり実がなったりして一緒に楽しむことができます。また、もし絵本が楽しめるようになったら寝る時に絵本を読んであげるといいでしょう。寝る前にお話をするだけでもいいかもしれません。

少し時間のある方は一緒に散歩をするといいでしょう。途中の公園で遊んだり、人に会って挨拶などをしたりする様子を、子どもと共有できます。周囲の人との関わり方は、その子の特性によって様々です。言葉がなくスキンシップが十分とれなくても、その子の持つこだわりや生活のパターンを尊重しながら穏やかに生活している方も大勢おられます。できる範囲で取り組んでみましょう。しかし、できなくても十分やりようはあります。

本章で紹介する【苦手をなくす工夫や遊び】は、このように日常的に親子の関わり合いを取り入れることで、次第に取り組めるようになっていきます。

子どもを傷つけない言葉かけ

子どもは誰一人同じ特性を持っている子はおらず、年齢や家庭の状況等によって、ある時にはよい言葉かけが、ある時には不適切な声かけとなることもしばしばです。世間話や当たり障《さわ》りのない会話をすることで、人とのつながりや、仲間意識が強まっていくと感じる人が多いと思いますが、自閉症スペクトラムの子たちはそういった雑談が苦手です。

なんでそんなことを聞かれるのかわからなかったり、意味がないと感じてしまったり、何気ない会話でも突然に黙ったり（どう返答していいのかすごく考えていたり）、機嫌が悪くなったりします。家族で雑談をしている時に、そのような反応をされると喧嘩の元になることもあります。では、どうしたらいいのでしょうか。

家庭というのは生活の場です。食べたり、寝たり、お風呂に入って歯を磨いたり、するべきことがあります。まずその生活をどのように計画して過ごしていけばいいのか、共同生活者としての質を上げていくための工夫をしましょう。

いつもみんなの目につく場所に予定表を置く

スケジュールは視覚的に共有したい大事なもの。家庭の中でいつもみんなの目につく場所に予定表を置いておきましょう。

予定の確認をし、できた時に承認の言葉をかける

生活の予定が共有できればコミュニケーションは主に予定の確認とうまくできた場合の承認になります。

予定の確認

「９時に幼稚園に行くね」

うまくできた時の承認

「準備ができたね」

予定がうまくこなせなくても無理しない

無理に予定をこなさせようとせずに、どのようなスケジュールならできそうか、できるところまでで譲歩しましょう。

相談

「8時から着替えをしようか」
「朝ご飯は8時半までにしようか」

専門家にも相談しながら取り組むと安心

このような作業は一人では難しいということであれば、専門家に相談をしながら進めていくほうがいいでしょう。

専門家への相談のポイント

「朝の準備がうまくいきません。まずは今日から何を始めたらいいですか」

注意や予定の変更は言葉かけのみで伝えるのは難しい

言葉がかなりしゃべれる子であったとしても、注意や変更を目的にしたことを言葉かけのみで伝えると失敗することが多いです。

工夫

メモで注意や変更を伝える

短く、肯定する言葉でゆっくりと

あえて言葉かけをするなら、ひと呼吸もふた呼吸もおいて穏やかに、肯定する短い言葉で伝えるようにしましょう。

してほしいことを言う

「今日は8時に家を出ます」
「靴下をはきましょう」

触覚集中力遊び

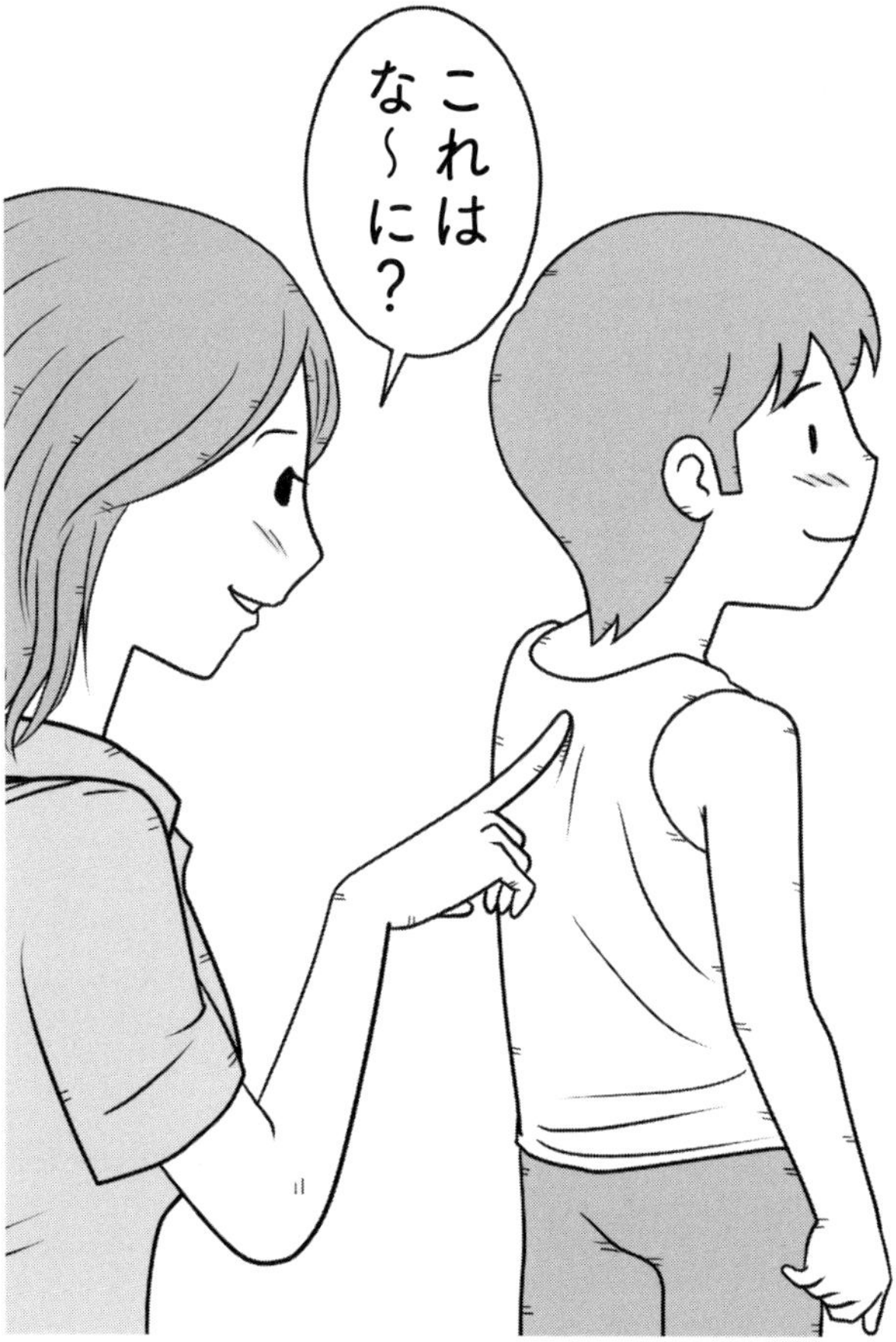

背中や手のひらに字や数字を書いて当てる

背中で行う場合は、皮膚の感覚まで刺激が届くよう、薄着になってから始めます。指先を通じて文字や数字に意識を向けることにより、一定期間その場所に注意を払うことができるようになります。余計な情報が気になってなかなか集中できない子、自分からは一方的に関わるけれど人から触られるのは嫌な子に、特に取り組んでいただきたい遊びです。

中に入れるものは？

- 子どもの好きなもの（おもちゃなど）
- お金（硬貨の種類を当てる）
- 触ってわかる数のカード（スポンジシールで描いたドットが貼ってある等）

箱や袋の中身を当てるゲーム

箱や袋の中に入れたものを当てる遊びです。手の感覚だけで同じ形をしたものの数を数えたり、同じ形のものだけ取り出したり、お金を入れて硬貨の種類を当てたり、計算問題を口頭で出しその答えの書かれた数のカードを探すなど。指先の感覚を頼りにして、素材や形、大きさや数を触り分けることによって、不器用さの改善につながります。

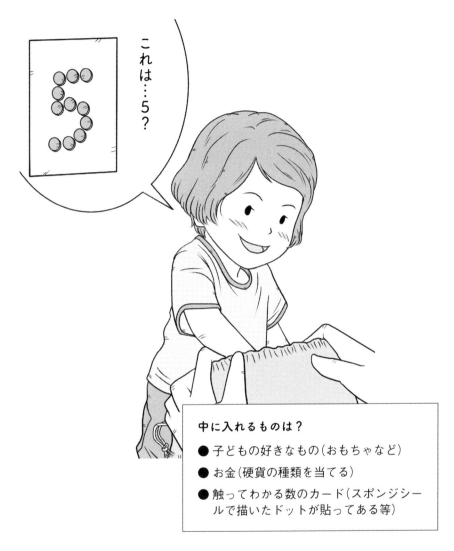

聴覚遊び

太鼓や弦楽器のような振動のある音を楽しむ

体に響く振動を感じながら、合わせて太鼓を叩くという行為により、演奏に参加する、自分の発した音を聞くという経験ができます。強く叩くとこんな大きな音になるとか、小さく叩くとこのくらいの音というように聞き分けながら力を調整する取り組みができ、自分が話す時の発声の大きさや、リズムのコントロールにつなげていくことができます。

水を入れたワイングラスの音の違いを聞く

ワイングラスに異なる量の水を入れて縁を触って振動させて音を鳴らし、水の量によって変わる音の高さの違いに集中します。音の聞こえている間は水面が動き、音が止まると水面も止まる様子が見えることで、音に集中する能力を養います。このようにしっかりと音に取り組んでいくと、感情コントロールや周囲との協調性などにも介入することができます。また生涯楽しめる趣味としての音楽へ通じることも魅力の一つです。

「しゃしゅしょ」「じゃじゅじょ」が聞き取れない、覚えられない子への工夫

「しゃしゅしょ」「じゃじゅじょ」が聞き取れない、覚えられない子には、その子の持つイメージ（視覚と身体感覚で）示すことで理解が深まります。水の流れる音に合わせて「じゃ」と言ったら、「じゃ」の文字の横に水道水が蛇口から出てくる絵を描きます。また、そのカードを見て「じゃーっ！」と言いながら水が流れる仕草を手ですることで、感覚学習ができます。下記のようなオノマトペを中心とした楽しい絵本もおすすめです。

『もこもこもこ』谷川俊太郎 作　元永定正 絵（文研出版　1977年）
『ぽぽぽぽぽ』五味太郎（偕成社 1989年）

音の過敏に困っている子には…

家庭や学校で行動の見通しが立たなかったり、怒られたり脅されたり、同級生にからかわれるなど不適切な関わりや緊張が高まることなどがないか、よく確認してください。生活全体の不安を減らすことで特定の音の過敏が軽減することはしばしば認められます。そしてしばらくの間、気になる音を聞かなくても過ごせるような工夫をしてあげてください。

ヘッドホンで好きな音楽を聴くとか、好きなぬいぐるみを触るなどしてみてください。他の感覚刺激を入れることで、気になる音が減っていきます。

【ストレッチ遊び】

親子でまねっこ体操① 両手をあげる

まねっこ遊びができるようになると、体操をすることができます。両手をあげたり、前屈をしたりと、簡単な体操を親子で向き合ってします。大きな鏡があれば見ながらすると、よりまねしやすいでしょう。左右非対称の動きが苦手な子は多いので、まず両手をあげて伸びる動きからやってみましょう。筋肉の収縮や関節の曲がり具合、伸び具合の情報を司《つかさど》る固有覚の調整に役立ちます。

親子でまねっこ体操②　前屈をする

親子で向き合って前屈をします。前屈を行うと大腿の裏のハムストリングスや背中の筋肉など、体の中のいろいろなところをストレッチすることができます。親子で行いながら「ふとももの裏が伸びて気持ちいいねー」「お母さんも難しいよー」など声をかけながら一緒に取り組むと良いでしょう。姿勢が崩れてぐにゃぐにゃしてしまう子にもおすすめです。慣れてきたらゆっくり、後屈、側屈などもしてみましょう。

ストレッチ遊び

高いところへタッチ！

壁などに、子どもが手を伸ばして届く位置の5センチ上に目印をつけます。手を伸ばしたままかがみ、目印に向けてジャンプしてタッチします。徐々に目印を高くしていき、ジャンプの前にかがんでから思い切り伸びるようにします。目に見える目標があると、子どもも喜んで取り組みます。ジャンプすることは脚のかがんだり伸びたりする力に、高いところにタッチすることは腕の程よいストレッチにつながります。できれば飛ぶ向きを変え、タッチする手は右左両方使うようにするとよいでしょう。

公園の遊具や施設などでのボルダリング

公園やスポーツ施設、また屋内遊技場などで、子ども用のボルダリングの遊具がある場合があります。これも、楽しみながら全身をストレッチすることができるので、活用するとよいでしょう。登る石に様々な色がついている場合は、その子の好きな色、例えば「黄色だけを使って登る」などのルールを作るとゲーム性が増します。ただし、高いところが怖い子には無理やりすすめないようにし、遊具を使う時にも必ず傍《そば》で大人が見ているようにしてください。

バランス遊び

片足立ちでキープ、ジャンプする

バランス遊びに取り組むと平衡感覚が身につきます。体幹の筋肉の強化にもつながりますので、姿勢の維持にも大切な遊びです。まずは片足立ちで5秒キープ。できるようになったら10秒と、左右交互に試してみましょう。次は片足でジャンプしてみましょう。立っている時も座っている時も背中が丸まってしまう子に特におすすめです。

片足立ちしたまま風船やボールをキャッチ

親子で向き合い、片足立ちをしてボールをキャッチしたり投げたりします。かなり難しいですが、ボールを風船に変えると簡単になり、小さなボールに変えると難しくなります。片足立ちに慣れたら、まずは風船を優しく投げることから始めましょう。バランス感覚の回路は、目を動かす運動回路とも関連していることから、飛んでくる風船やボールを目で追うことは、板書を写すことが苦手な子にも是非おすすめしたい遊びです。

押し合い遊び

親子で向かい合わせに立ち、体に手が当たらないように押し合いをして、動いたら負けというゲームも楽しく取り組めます。ただし、大人のほうが重くて強いので、できるだけ負けてあげましょう。この遊びは、しっかりとした下半身の筋肉づくりに役立ちます。

※ロープがなければ丸めたバスタオルの上でもOK

ロープの上をまっすぐ歩く

床に置いたロープの上に立ち、かかとにもう片方のつま先をくっつけながら歩いていきます。ロープの上を歩く運動はバランス感覚、集中力も育てます。あちこち走り回ってじっとしていられない子、意味もなくその場をくるくる回って遊ぶことの多い子に特におすすめです。

ボディイメージ遊び

タオルケットくぐり

タオルケットをトンネルに見立てて、くぐって反対から出るような遊びもいいでしょう。その他、イスなどのトンネルをくぐることで、自分と障害物との距離感がわかるようになります。体をいろいろなところによくぶつけるような子にはおすすめです。

縄跳びゆらゆらジャンプ

縄跳びも、体が縄に当たらないようにくぐるにはボディイメージが必要ですが、回してくぐらせるのが難しければ、両端を持って地面を這わせてゆらゆらさせ、そこをジャンプさせるような運動もよいでしょう。本人にとって難しすぎることを無理に行うのではなく、少し頑張ったらできそうなところから始めるのがよいでしょう。

ボディイメージ遊び

地面に丸を描き、ジャンプしながら進む

地面に丸を描いてその中に片足ずつジャンプしながら跳んで行ったり、またぐような障害物を作ったりして進んでいくのがおすすめです。よく、子どもが公園やアーケードに敷かれた色違いのタイルの同じ色のところだけを踏んで前に進むという遊びをしていますが、周りの人に迷惑にならないような場所であれば、そういった遊びでうまく感覚を調整するのもよいでしょう。

ジャングルジム

体の感覚は運動しながら取り組んでいくと身につきやすいでしょう。学校や公園にあるジャングルジムはかなり有効です。ジャングルジムに登る時は体全体を目で見て確認することが難しいので、身体感覚の訓練になります。また、105ページのボルダリングも、同じように体の感覚づくりに良いでしょう。

砂場遊び

砂を触るのを嫌がったら無理強いはしないこと。

砂山遊び（さらさらした砂）

砂遊びはとても奥が深くて、興味を持ったら汚れることを気にせずにしっかりと取り組ませてあげたいものです。砂を集めて山を作ってトンネルを掘り、中に道具やおもちゃを入れて97ページの中身を当てるゲームの砂場バージョンをすると、触覚集中力が養われます。他にもままごとや、友達がしているのを見てまねたり、自分で工夫したり、砂との対話は尽きることがありません。

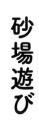

泥団子遊び、泥水遊び（水を混ぜた泥）

泥団子遊びは不思議な魅力のある遊びとして子どもたちの探究心を枯らすことがありません。乾いた土や砂とは違ったべたべたした感覚を味わうことが大切です。どれだけの水を配合して、どのような順序で混ぜていくかなど、工夫や探求をするところがとてもたくさんあり、それぞれの子が自分のペースで楽しめます。なるべく半袖短パンなどで肌の露出を多くすると、泥が持つ不思議な触感をよりしっかりと感じさせることができます。触覚防衛の改善に役立ちます。

コラム　体の感覚をつなげるには喜びの体験がいちばん

体の感覚が過敏だったり感覚が伝わりにくかったりすると、その感覚に注意が向きすぎたり、逆に必要なことに注意が向かなかったりします。自閉症スペクトラム（ASD）や注意欠如・多動症（ADHD）の子は様々な感覚がバラバラで、つながっていそうな感覚や情報がつながっていないことがあります。

「つながる感覚を育てる」というのは大事なキーワードです。体の感覚を理解することで、自分について言語化していくことができます。自分の体の感覚と運動との対話、言葉による解説を繰り返していくことが、自分の感覚に気づいていく道筋になります。運動や遊びを通して自分の体の感覚と対話することが増えると、感情の変化や行動の理由が自分自身でわかるようになります。体の活動が少ないと、小さな頃に知っておかないといけない体の感覚の記憶が少ないため、「ここまで動いたら人にぶつかるな」など、そこからつながっていく世の中の決まりがわかりにくくなります。

脳の特性に偏りがあるからこそ、体と周囲との環境に折り合いをつけていくことを、小さいうちに体験しておかなくてはいけないと思います。そして、この体験は、喜びに満ちた楽しいものでなくてはいけません。その喜びが基本となって体の感覚がつながっていくことの大事さを、もう一度確認していく必要があるのではないでしょうか。

PART4

わが子に合う子育てを

自閉症スペクトラム（ASD）

自閉症スペクトラム（ASD）と診断されたら、どのような支援が可能なのでしょうか。本人の視点から見た世界を知るには、感覚の過敏やものごとの捉え方の偏りについて知ると理解しやすいと思います。ですから、それには当事者の話によく耳を傾けるしかないと思います。幸い、最近は、当事者が執筆した自伝などの書籍や放送されている番組があり、とても参考になります。そして、視覚支援や構造化ということも知っておくと良いでしょう。自閉症スペクトラムの子は、見えないものをイメージすることが小さい頃から一貫して苦手なため、様々な場面で視覚支援や感覚の問題に対する支援があると、過ごしやすくなります。

自閉症スペクトラムの本質的な問題を包括的に支援するプログラムとしてエリック・ショプラー先生が開発し、日本では佐々木正美先生が紹介されたＴＥＡＣＣＨプログラムがあります。現在の、支援学級や様々な支援施設で行われているような

自閉症スペクトラムと診断されたら…

- **当事者が感じていることを知る**
  子どもに聞く・当事者の自伝を読む・テレビで見る
- **自立して活動ができるような環境的な工夫を行う**
  TEACCHプログラム・PECSその他の構造化や視覚支援を受ける

↓

大人になっても本人の良さが表現できるようになる

構造化や視覚支援は、これが原点になっています。他にPECSなどが有名です。

このプログラムは治癒や知能アップを目指しているわけではありません。*自立して活動ができるような環境的な工夫を通して、社会で生活できる、人間らしい成長を目指しています。

本人の特性を理解した環境を設定すれば、大人になっても本人の良さが表現できるようになります。その子によって支援の方法は異なり、成長によって継続する必要がありますが、自分の生活を自分でほめてあげられるような、個性ある個人の自立を目指しています。

*『ライブ講義　発達障害の診断と支援』内山登紀夫（岩崎学術出版社）

注意欠如・多動症（ADHD）

注意欠如・多動症（ＡＤＨＤ）はどうでしょうか。自閉症スペクトラム（ＡＳＤ）と併存することが非常に多く、またＡＤＨＤが改善してからＡＳＤとしての社会性の問題や、こだわりが表に出てくることもあります。ですからＡＤＨＤにＡＳＤを併存する子に対し、ＡＳＤ支援はとても有用です。ＡＤＨＤの子は特に親子の関わり方がとても難しく、怒ってしつけをしないといけない、と追い詰められているケースが多くの親御さんで認められ、子どもとの関わり方に非常に悩んでいらっしゃいます。

特にお母さんがお父さんに「しつけが悪い」と言われ、他の家族にも「この子の面倒は見られない」とまで言われ、母親が孤立して全ての大変さを抱えているケースが多くみられます。母親は自分の子育てがうまくできなかったから子どもがこのようになったと自分を責めますが、診断により自分の関わりが不適切だったからこのような行動をしているわけではないとわかると、ホッとします。

自分の子育てがうまくいかなかったと責めてしまうお母さんが多いのはどうしてでしょうか。最近は子育てが分業されているといっても、まだまだお母さんに任されており、子どもの行動はその子の特性と考えるよりも、親のしつけがそうさせている、と捉える社会的な風潮はあるようです。親のしつけといっても母親のしつけのせいにされるのです。そして「この子はどうして私をこんなに苦しめるのだろう」と思うようになります。子育ての正しい方向性を示すためにも、早期に診断をして、家族で向き合うのは意味のあることだと考えています。

悩みの多いＡＤＨＤの子育てで、具体的な関わり方について取り組んでいこうというのが、ペアレントトレーニングなどのプログラムです。それはいかに怒らないようにしながら社会的に容認される、こちらがしてほしい行動を増やしていけるかを、集団で学んでいくプログラムで、とても有効だと考えられています。

ＡＤＨＤの子は脳の伝達物質（ドーパミン、ノルアドレナリン）の異常が言われています。そのため実行機能や抑制機能、報酬機能などに問題を生じると言われ、自尊心を中心とした心の発達や社会性の発達、学習など、様々な成長に影響が出てくると考えられています。そのような伝達物質の偏りを改善するために薬の投与が有効であるとされています。子どもに使われている薬の多くは、成人で認可されて何年も経てからやっと子どもで認可されるものがほとんどです。ＡＤＨＤの薬は珍しく子どもから先に認可された薬です。それはＡＤＨＤが子どもに多く見つかって対応を迫られていたということもありますが、子どもの頃の、まだ脳のネットワークができていない時期から服薬を始めると、様々な教育や体験を肯定的に前向きに取り組めるようになり、自己肯定的な記憶が増え、いわゆるＡＤＨＤの子に思春期でみられる集団の不適応や反社会的な行動のリスクが減るのではないか、と考えられているからです。

実際に小学校低学年でＡＤＨＤと診断され、学校でもしっかり対応してもらえるよう体制を整え（支援学級に入るなどして学習面や社会面でつまずきが少なくなるように取り組んでもらう）、ペアレントトレーニングを行い（ペアレントトレーニングがないところでは継続的に子育ての相談を専門機関で行う）、服薬によって本人の行動が落ち着いてきた方が、思春期になり、薬を減らしたりやめることができたりするケースも多くあります。

注意欠如・多動症（ADHD）と診断されたら…

- **自閉症スペクトラムと併存する子も多い**
  TEACCHプログラムなどの自閉症スペクトラム支援も有効
- **子どもとの関わりが辛い時はペアレントトレーニングを**
  怒らずに本人の良い行動を伸ばすための方法を集団で学ぶ
- **脳の伝達物質の異常に有効な薬の服用**
  ただし、副作用にも注意する必要あり。必ず主治医と相談を

↓

行動が落ち着いたら薬を減らしたりやめたりできるケースも多い

現在3種類の薬が出ていますが、どの薬も特徴があり、その子によって効果の違いもあり、副作用も注意する必要があります。主治医とよく相談して使いましょう。現在はおよそ6歳以上の子にしか薬は使えません。

しかし、ADHDは3、4歳が多動のピークです。*そのような家族には早く診断をしてあげて、家族みんなで支えていく体制を作るぐらいしか、現状のところ方法がありません。

また、ASDの薬も同じように子どもに使えるようになっており、主に家庭や集団での日常的な行動の困難への対策として慎重に使用されています。

＊最近の研究では、思春期から大人の時期に顕在化するADHDもあると考えられています。

その他の取り組み

運動をすることが脳の発達に良い影響があるということは以前から言われています。室内であれば、PART3で紹介したものの他に、トランポリンや滑り台、ブランコなどがよく使用されます。またそれらを組み合わせたり、ゲーム感覚で取り組んだりします。家でも取り組めるのはトランポリンや小さなジャングルジムでしょうか。一人で跳べるようなトランポリンを買って家での運動に使っている方が多く、跳びながらテレビを見たり、ゲームをしたりしています。

運動すると良いホルモンが出ますし、夜もよく眠れるようになります。細かいことを気にしなくなるということもあります。

屋外であればウォーキングやランニング、山歩きなどもおすすめです。また、視線を横に動かすような卓球やテニス、ボール投げなどもよいでしょう。目の運動の問題で学習や運動が苦手な子は、ビジョントレーニングを受けることで改善することがあります。どのような運動も楽しく取り組めることが大事です。

ゲームやテレビを楽しむなら…

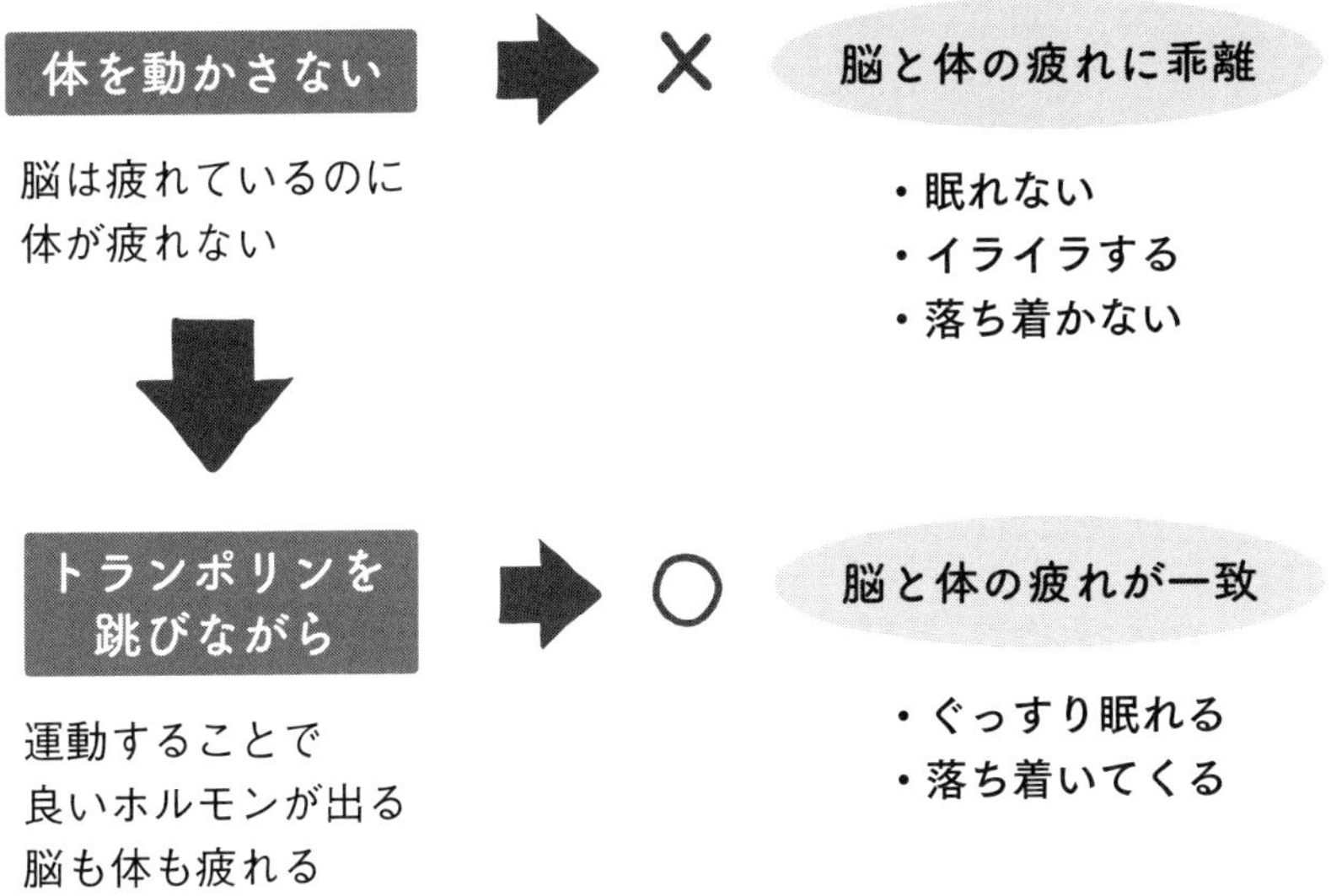

運動をするとテンションが上がりますが、体も疲れます。ゲームをしていると脳は疲れても体は疲れないため、体と脳の疲れに乖離《かいり》が起こります。運動をすると体も疲れるので、睡眠が取りやすいということがあります。

適切な指導のもとであれば全ての年代の、どのような特性のある子でも、その子に合わせた運動プログラムを導入することができると良いと考えています。

親も子も一人で頑張らない

お母さんは誰か近くに相談する人はいますか。子育てだけではなく家庭の様々な問題について、出口が見えない状況でも、相談できる人がいると少し方向性が見えることがあります。すぐ身近には、相談できる人がいないかもしれません。そういう場合は子どもが通っている保育園や幼稚園、小学校の先生に相談して、さらに専門機関など、相談できるところを紹介してもらうこともできます。

相談しながら話をするだけでも、自分はこんなふうに思っていたんだ、という新しい発見があります。助言をされると見方が変わり、子どものことや家族のことについて捉え方が少し変化します。

専門機関と相談を始めると、たくさん言いたいことがあるにもかかわらず、上手に伝えられないことがあります。ゆっくりと時間があれば話ができるけれど、相談する機関は時間が限られる場合が多いので、焦ってしまいます。そういう場合は家庭であったことなどをリストにしておくといいでしょう。困っていること、解決したいこと、相談したいことのベスト3（順位をつけて）を書き出し、それを持って相談に行くとスムーズです。1回目よりも2回目、3回目のほうが相談者と顔なじみになり、より深い話ができます。公的機関へ行ってもなかなか相談に乗ってもらえないと感じたとしても、もう一度相談に行ってみてください。そうすると少し違ってくるかもしれません。患者さんのご家族によると、クリニックなどに来るきっかけを作ってくれた人で一番多いのは、学校の先生や保健師さん、幼稚園や保育園の先生で、兄弟や祖父母などの家族、友達と続きます。また地域子育て支援センターなどは一般に開放しており、保育士や保健師が相談に乗ってくれます。都道府県の発達障害者支援センターでも、発達障害について相談に乗ってくれます。

最初の子はなんとか乗り切ったけど2人目の妊娠中は子育てをしながら、働きながらの妊娠になるため負担を抱えている場合が多いと思いますが、むしろ妊娠中だからこそ相談したり、助けてもらったり休んだりして切り抜けていきましょう。

母子家庭だったり、別居している場合は子育てが孤立しやすく、生活の全てが母親にのしかかってきます。苦しい時は、使える公的支援は最大限使って乗り越えていきましょう。

〈著者略歴〉
大野　繁（おおの・しげる）

医学博士。平成２年川崎医科大学卒、平成６年岡山大学小児神経学講座大学院卒。平成10年に大野小児科医院（現大野はぐくみクリニック）院長に就任し、臨床心理士とともに診療開始。
平成15年ぐるぐるめろん島（児童発達支援／保育所等訪問支援事業所）開所。その後、ふるーつ村（放課後等デイサービス）、おれんじ村（放課後等デイサービス。思春期対象）、もりもりめろん広場（児童発達支援／放課後等デイサービス）で、療育を中心とした発達支援を展開している。平成27年ノースカロライナ州TEACCHセンター研修。ノートルダム清心女子大学非常勤講師、岡山県立岡山南支援学校校医。

専門医、資格：日本小児科学会専門医、日本小児神経学会専門医、DISCO認定
所属：日本小児科学会、日本小児神経学会、日本てんかん学会、日本児童青年精神医学会、日本子ども虐待防止学会

医療法人 大野はぐくみクリニック
o-hagukumi.net

【絵で見てわかる】発達障害の子が困っていること

2018年１月24日　第１版第１刷発行
2019年９月４日　第１版第４刷発行

著　者　大野　繁
発行者　安藤　卓
発行所　株式会社PHP研究所
京都本部　〒601-8411　京都市南区西九条北ノ内町11
〔内容のお問い合わせは〕教育出版部 ☎075-681-8732
〔購入のお問い合わせは〕普及グループ ☎075-681-8554
印刷所　図書印刷株式会社

ISBN978-4-569-83951-6